Wilhelm Ostwald
Erfinder und Entdecker

Severus

Ostwald, Wilhelm: **Erfinder und Entdecker.**
Hamburg, SEVERUS Verlag 2014.

ISBN: 978-3-86347-837-7
Druck: SEVERUS Verlag, Hamburg, 2014

Der SEVERUS Verlag ist ein Imprint der Diplomica Verlag GmbH.

Bibliografische Information der Deutschen Nationalbibliothek:
Die Deutsche Nationalbibliothek verzeichnet diese Publikation in der Deutschen Nationalbibliografie; detaillierte bibliografische Daten sind im Internet über http://dnb.d-nb.de abrufbar.

Die digitale Ausgabe (eBook-Ausgabe) dieses Titels trägt die ISBN 978-3-942382-86-1und kann über den Handel oder den Verlag bezogen werden.

© **SEVERUS Verlag**
http://www.severus-verlag.de, Hamburg 2014
Printed in Germany
Alle Rechte vorbehalten.

Der SEVERUS Verlag übernimmt keine juristische Verantwortung oder irgendeine Haftung für evtl. fehlerhafte Angaben und deren Folgen.

Das Kulturproblem

Was ist im allgemeinsten Sinne gesprochen, die Aufgabe der Erfinder und Entdecker? Wenn ich darauf mit den Worten zu antworten versuche: die Kultur zu steigern, so wird man wohl bereit sein, dazu ja zu sagen; aber es entsteht notwendig die neue Frage: was ist Kultur? Antworte ich darauf wieder in meiner Weise: die Verbesserung des ökonomischen Koeffizienten der umgewandelten Energie, so muß ich mich darauf gefaßt machen, daß die Mehrzahl meiner Leser ungeduldig oder hoffnungslos den Kopf schüttelt und ernstlich erwägt, ob das Buch nicht am besten gleich wieder zugemacht wird. Ich bitte, es noch für eine Seite oder zwei zu versuchen. Denn es handelt sich eigentlich um eine äußerst einfache und klare Sache und für den, der den physikalischen Sprachgebrauch kennt, werden jene wenigen Worte einen ganzen Strom von Einzelfällen bedeuten, an denen er alsbald die Stichhaltigkeit des Ausspruches prüfen kann. Aber auch der nicht physikalisch vorgebildete Leser hat die nötigen Begriffe zu seiner Verfügung; er hat sie vielleicht nur noch nicht unter diesen Namen benutzen gelernt.

Betrachten wir irgendeine spezifisch menschliche Tätigkeit, etwa die Formung rohen oder natürlichen Materials. Ob es sich um einen Drechsler handelt, der einen Pfeifenkopf dreht, oder einen Künstler, der ein Bildwerk meißelt: stets geht die Arbeit so vor sich, daß das fertige Stück auf der einen Seite dasteht, und auf der anderen Seite liegt der Abfall, die Späne, die Trümmer, die nicht mehr dazu taugen, aus ihnen ähnliches zu formen. Dies ist der Typus aller zweckgemäßen Tätigkeit. Nie ist es möglich, aus dem gegebenen Rohmaterial das gewünschte Stück rein zu formen, ohne daß ein Anteil davon auf eine wertlose oder doch geringwertige Stufe herabgedrückt werden müßte. Allerdings sind die Verhältnisse oft verwickelter, indem anscheinend doch eine vollständige Formung zu dem gewünschten Gebilde möglich ist. Aber dieser Anschein entsteht nur dann, wenn man die Rechnung nicht vollständig aufgestellt hat. So könnte man sagen: der Erzgießer bringt doch all sein Metall in die vorgeschriebene Form und hat keine Späne. Das ist richtig, aber das Brennmaterial, mit dessen Hilfe er sein Erz geschmolzen hat, ist verbrannt und kann nie mehr dazu dienen, anderes Erz zu schmelzen. Und so verhält sich jeder weitere Fall, den man untersuchen mag. Das Sprichwort sagt: wo man arbeitet, da fallen Späne. Das ist in der Tat das niemals fehlende Kennzeichen der Arbeit: um irgend etwas, was die Natur uns dargeboten hat, für unsere menschlichen Zwecke zu gestalten, muß ein Teil davon entwertet, degradiert, unnütz gemacht werden. Aus hundert Kilogramm Holz macht der Drechsler vielleicht dreißig Kilogramm Pfeifenköpfe. Dann beträgt der sachgemäß verwertete Teil des Holzes dreißig vom Hundert oder dreißig Prozent. Der Drechsler verarbeitet sein Holz mit einem ökonomischen Koeffizienten von dreißig zu Hundert oder von dreißig Prozent.

Da haben wir also das bedenkliche Wort, und es war wirklich nicht schwer zu verstehen. Es ist natürlich, daß ein anderer Drechsler sein Handwerk besser kann, der aus seinem Holz vierzig vom Hundert Pfeifenköpfe zu machen versteht, daß er in dieser Hinsicht kulturell höher steht, als der erste mit dreißig vom Hundert.

Aber wie nun, wenn er dazu die doppelte Zeit braucht? Nun, auf diese Frage erhalten wir Antwort nach demselben Verfahren. Von den 24 Stunden eines jeden Tageslaufes kann er nur einen bestimmten Anteil zur Arbeit verwerten; auch seine Zeit ist dem Gesetz des ökonomischen Koeffizienten unterworfen. Wenn also der Arbeiter wirtschaftlich den besten Erfolg erzielen will, so hat er den wirtschaftlichen Wert des Holzes mit dem der Zeit zu vergleichen, etwa indem er berechnet, wieviel ihm sein Lebensunterhalt für vierundzwanzig Stunden kostet, und diesen Betrag mit dem Preise des ersparten, bzw. mehrverbrauchten Holzes sachgemäß in Beziehung zu setzen um daraus die ergiebigste Einrichtung seiner Arbeit zu ermitteln.

Diese Betrachtung gibt auch Antwort auf einen anderen Einwand, den der aufmerksame Leser vermutlich schon lange auf der Zunge gehabt hat. Beim Künstler kommt es doch wirklich nicht darauf an, ob er von seinem Block viel oder wenig abschlägt, wenn nur ein Kunstwerk daraus wird. Für den Kunstwert des Werkes allerdings nicht; da liegen die Späne an ganz anderer Stelle. Diese sind die ruhelosen Stunden, in denen der Künstler nach dem Ausdruck seiner künstlerischen Inspiration suchte, die vergeblichen ersten Versuche der Gestaltung, die verworfenen Ansätze und Skizzen, oh, die Opfer waren groß, zuweilen fast zu groß, die er zu bringen hatte, bis die glückliche Stunde der Gestaltung endlich erschien. Das ist eine Rechnung für sich; die andere, ganz nüchterne Rechnung über den Preis, den er für sein Werk fordern muß, die enthält auch die Kosten des Marmorblockes, und je größer der sein mußte, um so mehr fällt auch dieser Anteil bei der Gesamtbemessung ins Gewicht. Und daß hier auch noch etwas Gefühlsmäßiges mitspricht, was unabhängig von der Kostenfrage den Künstler interessiert, läßt der Umstand erkennen, daß die geborenen Bildner, von Michel Angelo bis Max Klinger, stets einen besonderen Reiz darin empfunden haben, in einen zufällig gestalteten Block ein Bildwerk so hinein zu hauen, daß es darin stak, wie der Schmetterling in der Puppe: nur eine dünne Haut war zu entfernen, um es in all seiner Schönheit frei zu legen, und das mit einem Minimum von Abfall.

So wären wir denn darüber klar geworden, daß der ökonomische Koeffizient sich bei jeder Handlung, jedem zweckmäßigen Vorgange geltend macht, nur daß ein jedes Werk im allgemeinen stets mehr oder weniger zusammengesetzt ist, indem es sich als eine Summe von Einzelhandlungen darstellt, in der ein jedes einzelne Glied seinen eigenen Koeffizienten hat.

Kaum aber ist dieser Punkt erledigt, so verlangt ein anderer Aufklärung. Zugegeben, daß ein jedes Werk aus Teilen zusammengesetzt ist, von denen ein jeder seinen eigenen ökonomischen Koeffizienten hat: wie kann man denn diese verschiedenartigen Anteile summieren? In der Schule haben wir gelernt, daß man nur gleichartige Größen summieren kann: Äpfel zu Äpfeln, Knaben zu Knaben. Künstlerische Schönheit und Marmorgewicht aber kann man nicht addieren.

Aber wie war es denn mit dem Drechsler in dem anderen Beispiel? Holz und Zeit kann man doch eigentlich ebensowenig addieren. Und dennoch war es möglich, beide auf einen gleichen Ausdruck zu bringen und dadurch addierbar zu machen, indem man nämlich jedes von ihnen in Geld auswertete. Geld und Geld kann man addieren. Darin liegt ja gerade die Bedeutung des Geldes, daß es einen gemeinsamen Maßstab für den größten Teil der Werte darstellt, die von Mensch zu Mensch übertragen werden können. Heutzutage beruht so gut wie jede wirtschaftliche Handlung darauf, daß man Gewinn und Verlust derselben in Geldwert ausdrückt und danach ihre Zweckmäßigkeit beurteilt. Und die Richtung der Zeitbewegung geht durchaus dahin, immer mehr und mehr Werte, die bisher außerhalb dieses Maßstabes lagen, unter seine Herrschaft zu bringen. Wenn in der bekannten Scherzgeschichte die soeben gemietete Kinderfrau auf die Bemerkung: ich hoffe, daß Sie die Kinder mit Liebe pflegen werden, die Antwort gibt: Liebe kostet monatlich fünf Mark mehr! so ist dies nur ein drastischer Ausdruck dieses Vorganges. Es ist zwecklos, sich in üblicher Weise über ihn zu entrüsten. Da er so allgemein und unwiderstehlich vor sich geht, so liegt ihm eine allgemeine sachliche Ursache zugrunde, und die Aufgabe ist, ihn zuerst zu verstehen, bevor man moralisch oder ästhetisch zu ihm Stellung nimmt. Dieses Verständnis ergibt sich eben aus dem Bedürfnis eines allgemeinen Maßstabes für die gegenseitige oder gesellschaftliche Betätigung der Menschen untereinander. Ohne die Tatsache der höheren sozialen Bildungen ist die Tatsache des Geldes unverständlich. Noch in einer geschlossenen Wirtschaft, die alle Bedürfnisse selbst produziert, ist Geld überflüssig, und es wird erst notwendig, wenn verschiedene Wirtschaftseinheiten miteinander in Verkehr treten. An Stelle des Tauschhandels, der das zeitliche Zusammentreffen der wechselseitigen Bedürfnisse und Überschüsse zur Voraussetzung hat und der die primitive Form des wirtschaftlichen Verkehrs darstellt, tritt die Einführung eines gemeinsamen Wertmaßstabes, welcher die beiden Bestandteile oder Akte des Tausches voneinander unabhängig macht und beiden dadurch eine unvergleichlich viel größere Beweglichkeit ermöglicht. Wer überschüssige Produkte irgendwelcher Art, aber zurzeit keine ungedeckten Bedürfnisse hat, kann erstere verwerten, ohne Überflüssiges entgegennehmen zu müssen, und erlangt dadurch die Sicherheit, daß er auch seine später auftretenden Bedürfnisse von außen wird decken können, wenn er zu jener Zeit keinen Überschuß an eigener Produktion hat. Dadurch kann er den Verkehr so vorteilhaft wie möglich für sich gestalten, und der gleiche Vorteil kommt seinem Handelsfreunde zugute.

So treffen wir schon wieder den Gesichtspunkt des ökonomischen Koeffizienten an. Das Geld ist eine Erfindung, welche den ökonomischen Koeffizienten des wirtschaftlichen Verkehrs verbessert, und insofern hat es einen unzweifelhaften und großen Kulturwert. Daß diese Auffassung in der Tat das Wesen der Sache trifft, lehrt die zurzeit so lebhaft geförderte Bewegung zur Einführung des Scheckverkehrs. Sie bedeutet, daß der Wertverkehr zurzeit so groß geworden ist, daß sogar das körperliche Hin und Her des Geldes und der Geldwertzeichen eine zu große Belastung dieses Verkehrs geworden ist. Es muß daher zur Verbesserung seines ökonomischen Koeffizienten durch eine bloß rechnungsmäßige Überschreibung auf eine Zentralstelle ersetzt werden. Dies geschieht, indem bei dem Tauschvorgange nicht mehr das Äquivalent des erstandenen Gegenstandes in Form des Geldes übergeben, sondern nur der Zentralstelle Nachricht von der stattgehabten Wertbewegung mitgeteilt wird. An dieser wird durch Rechnung dasselbe bewerkstelligt, was bisher durch die körperliche Übergabe des Geldes bewerkstelligt worden war, unter erheblicher Ersparnis des bisher erforderlich gewesenen Arbeitsaufwandes.

So sind wir wieder bereits mitten im Kulturproblem darin. Doch müssen wir uns sagen, daß der Maßstab des Geldes doch nicht auf alle Kulturwerte anwendbar ist. Die viel berufenen „Imponderabilien" sind von Bismarck deshalb so genannt worden, weil sie sich einer solchen Bewertung widersetzen, und dennoch Faktoren darstellen, die das Kulturleben stark, unter Umständen entscheidend beeinflussen. Gibt es vielleicht einen noch allgemeineren Maßstab, der auch diese Werte umfaßt?

Die Energie

Die einzige Instanz, welche uns auf diese Frage Antwort geben kann, ist die Wissenschaft, und zwar die Wissenschaft von den allgemeinen Dingen, nicht etwa die historische Wissenschaft, die uns nur die sozial wirksam gewesenen Einzelfaktoren erkennen läßt, nicht aber diejenigen, die noch der Auswickelung harren. Wir wenden uns also den Naturwissenschaften zu und fragen, ob etwa innerhalb dieser sich derartige allgemeine Maßstäbe gezeigt haben. Solche müßten begrifflich so allgemein wie möglich sein und außerdem die Eigenschaft der Meßbarkeit besitzen.

Nun hat allerdings die Physik und Chemie seit fünfundsechzig Jahren einen Begriff herausgearbeitet, welcher diese beiden Eigenschaften besitzt. Es ist der Begriff der Arbeit im allgemeinen Sinne, oder der Energie. Jeder Vorgang in der Außenwelt, er sei im übrigen von irgendwelcher beliebigen Beschaffenheit, läßt sich erschöpfend und eindeutig beschreiben oder kennzeichnen, wenn man angibt, welche von den vorhandenen Energien sich geändert haben, und welcher Art deren Änderung gewesen ist. Und meine wissenschaftliche Überzeugung (die allerdings noch nicht von allen geteilt wird) geht dahin, daß das Gleiche auch von allen Vorgängen unserer Innenwelt gelten wird. Indessen ist es hier nicht erforderlich, diese letztere Frage zu entscheiden, weil wir unsere Betrachtungen ausdrücklich auf die äußeren Vorgänge beschränken wollen.

Was ist denn nun diese Energie? Sie ist zunächst das letzte Reale, das wir in unserer Erfahrung finden. Bekanntlich ist in neuerer Zeit wieder der Streit über das alte Problem von der Realität der Außenwelt lebhaft erneuert worden, mit dem Ergebnis, daß das einzig ganz Sichere, von dem wir wissen, der augenblickliche Inhalt unseres Bewußtseins ist. Die Meinungsverschiedenheiten bewegen sich nur im Gebiete der Folgen dieser Tatsache. Nun können wir, physikalisch und physiologisch gesprochen, hinzufügen, daß das, was von der Außenwelt in unser Bewußtsein gelangt, dies durch die Pforten unserer Sinne tut. Welcher Schlüssel öffnet nun diese Pforten? Einzig die Energie. Einen Sinneseindruck haben wir nur, wenn Energie von der Außenwelt in unseren Sinnesapparat tritt, oder umgekehrt, d. h. wenn eine Energieänderung unseres Sinnesapparates gegenüber der Außenwelt stattfindet. Einen anderen oder allgemeineren Ausdruck hat die Wissenschaft für diese Vorgänge nicht. Insbesondere reicht der Begriff der Materie nicht hin, um sie zu beschreiben, denn das Sehen ist beispielsweise bis zum Augenhintergrund kein materieller Vorgang.

Nun möchte man aber neben dieser allgemeinen Mitteilung noch gern eine Anschauung haben, was man sich unter Energie eigentlich vorzustellen hat. Hierzu kann tatsächlich jeder Vorgang unseres täglichen Lebens dienen. Wir treten abends ins Zimmer und drehen mit einem Griff das elektrische Licht an. Dadurch gestatten wir der elektrischen Energie, die in der Zentrale und Leitung darauf vorbereitet war, sich in die Lampe zu begeben und sich dort in Wärme und Licht zu verwandeln. Hierbei bewegt sich offenbar nichts Materielles. Daß dies immaterielle Ding trotzdem höchst real ist, weiß jedermann, denn es kostet Geld. Diese Realität, die elektrische Energie, die aus der Zentrale durch den Leitungsdraht in das Zimmer geführt wird, gerade wie das Leuchtgas durch Röhren von der Zentrale aus verteilt wird, und die Wärme und das Licht, in welche es sich in der Lampe verwandelt, sind alle verschiedene Formen des allgemeinen Wesens, das wir Energie nennen. Von verschiedenen Formen zu sprechen haben wir das Recht, denn man erhält die eine aus der anderen. In dem Maße, wie sie Licht erzeugt, verschwindet die elektrische Energie, und darum muß sie von der Zentrale immer nachgeliefert werden, damit die Lampe zu leuchten fortfährt. Und in der Zentrale wird sie erzeugt, indem die mechanische Arbeit der dort aufgestellten großen Maschinen in elektrische Energie verwandelt wird. Diese mechanische Arbeit rührt ihrerseits von der Verbrennung der Kohle unter dem Dampfkessel her; die Energie aber, die in der Kohle und der zur Verbrennung nötigen Luft steckt, rührt von der Sonnenstrahlung her, unter deren Einfluß und Verbrauch einstmals die Pflanzen gewachsen sind, die wir gegenwärtig in Gestalt von fossilen Kohlen wieder ans Tageslicht bringen. Weiter können wir den Weg der Energie oder Arbeit nicht zurück verfolgen; bis auf den heutigen Tag ist die Sonne praktisch die einzige Quelle, aus welcher wir die Energievorräte beziehen, auf deren Umwandlung nicht nur unsere Technik, sondern unser gesamtes Dasein beruht. Denn alles, was der Mensch tut und treibt, kann er nur dadurch ausführen, daß er die Energie seiner Nahrung (die in seinem Körper ganz ebenso verbrennt, wie die Kohle unter dem Dampfkessel, nur bei viel niedrigerer Temperatur) zur Umwandlung in die anderen Formen benutzt, in denen sich sein Tun und Treiben betätigt.

Es ist ein weiter Horizont, der sich hier vor uns auftut, denn er reicht so weit, als unser Wissen überhaupt. Fragen wir uns beispielsweise, was uns Kunde bringt von jenen Weltkörpern, die so weit entfernt sind, daß das Licht viele Millionen Jahre braucht, um bis zu uns zu dringen, so lautet die Antwort: eben dieses Licht. Nur was dieses uns meldet, erfahren wir, und indem es, sei es direkt, sei es nach der Sammlung durch die Linsen oder Spiegel des Fernrohrs, in unser Auge dringt, schließen wir, daß etwas draußen im Weltraum sich befindet, was uns diese Nachricht sendet. Daß aber das Licht eine Form der Energie ist, haben wir gelegentlich der elektrischen Lampe bereits erfahren. Das heißt nichts anderes als: der Weltraum, den wir kennen, ist der Raum, aus welchem Energie bis zu uns dringt, oder: die Energie ist unsere Welt.

Aber die Energie ist doch nicht faßbar und wägbar! erwidert hier vielleicht der hartnäckige Verteidiger der Materie. Faßbar ist sie jedenfalls, muß ich antworten, denn da alle unsere Sinneserfahrungen auf Energievorgängen beruhen, so müssen es auch die unserer Tastorgane. In der Tat gibt es eine bestimmte Formenergie (oder Elastizität) und eine Volumenenergie, denen wir unsere Vorstellungen von der tastbaren Körperwelt verdanken. Wägbar ist die Energie nicht. Aber ist Elektrizität und Licht wägbar? Ist es Wärme und Magnetismus? Und diese Dinge existieren doch ebenso, wie Wasser und Erde. Welchen Grund sollten wir demnach haben, die Wägbarkeit als eine notwendige Bedingung der Wirklichkeit anzusehen? Tatsächlich haben wir keinen, denn es gibt unwägbare Wirklichkeiten. Es ist nur die schlechte Gewöhnung durch eine unzureichend durchdachte populäre Philosophie, der wir unsere Vorstellung verdanken, daß wirkliche Dinge immer wägbar sein müssen. Wenn wir, wie dies noch immer von den meisten Naturphilosophen als notwendig angesehen wird, die Welt aus Materie und Bewegung konstruieren wollen, so müssen wir notwendig unwägbare Materien annehmen; so wie wir aber versuchen, diesen Begriff wissenschaftlich scharf zu definieren, kommen wir auf die Energie hinaus, denn sie ist das letzte Meß- und Aufweisbare, was wir dabei finden.

So wäre denn Energie alles, was wir in der Außenwelt antreffen? wird der aufmerksame Leser fragen. Genau so, antworte ich; zeige mir irgend etwas auf, und ich will dir darlegen, was für Energien da vorhanden sind. Das ist nun freilich konkret genug.

Die Energie ist also keineswegs ein Abstraktum, ebensowenig wie du und ich. Wir leiden hier, wie so oft, unter der Unbestimmtheit unserer Sprache, die mit einem und demselben Worte sowohl den abstrakten Allgemeinbegriff wie den einzelnen konkreten Gegenstand, der unter den Begriff fällt, bezeichnet. Wenn Schiller in der „Glocke" sagt: der Mann muß hinaus, so hat das Wort Mann eine abstrakte Bedeutung, denn es bedeutet nicht einen bestimmten Mann, sondern es wird etwas ausgesagt, was mit dem Begriff Mann verbunden ist. Sagt aber der Vorsitzende einer unruhigen Volksversammlung unter Hinweis auf den Störenfried: der Mann muß hinaus, so ist ein durchaus konkreter Mann gemeint. Ebenso kann das Wort Energie in abstrakter Weise die Größenart bezeichnen, die in gewisser Weise gemessen und durch Umwandlung aus mechanischer Arbeit erhalten werden kann, und ebenso kann es einen ganz bestimmten, an bestimmter Stelle vorliegenden Betrag dieser Größe oder dieses Dinges bedeuten, der eine bestimmte Beschaffenheit, meist auch einen bestimmten Eigentümer hat, und ähnlich individuell gekennzeichnet ist, wie jener Mann in der Volksversammlung. Tatsächlich ist sogar, da alle konkreten Wirklichkeiten sich auf Energie zurückführen lassen, in einem sehr allgemeinen Sinne die Energie die einzige konkrete Wirklichkeit.

Diese allgemeine Orientierung über den Energiebegriff ist notwendig gewesen, um Klarheit über den Begriff der Erfindung und Entdeckung zu gewinnen. Denn da die Energie meßbar ist und gleichzeitig allen Dingen zugrunde liegt, so gewährt sie die Möglichkeit eines allgemeinen Maßstabes für alles Geschehen. Die Erfinder und Entdecker sind nun die Menschen, welche das Geschehen in bessere, d. h. wünschenswertere oder willkommenere Bahnen lenken, als die bisherigen waren, und ihre Tätigkeit muß daher im allgemeinsten Sinne sich in energetischen Formen darstellen lassen.

Damit sind wir nun an den Ausgangspunkt unserer Betrachtungen wieder zurückgelangt. Da das gesamte Leben des Menschen auf einer Betätigung der in seinem Körper befindlichen Energien beruht, und deren Verwendung darin besteht, die Energien der Außenwelt im Interesse eben dieses Menschen umzuformen, soweit sie ihm zugänglich sind, so kommt alles auf das Verfahren dieser Umformungen an. Wir haben ja gesehen, daß es hierbei nie ohne Abfall abgeht, und daß der Abfall je nach der Geschicklichkeit des Umformenden sehr verschieden groß sein kann. Nun erkennen wir den allgemeinen Sinn jener an den Anfang gesetzten Definition, daß die Entdecker und Erfinder Kulturförderer insofern und nur insofern sind, als sie lehren, wie jener unvermeidliche Abfall so klein wie möglich zu machen ist, und daß sie zeigen, wie außer den bekannten und benutzten Energien noch andere in der Natur vorrätig liegen, die sich gleichfalls für menschliche Zwecke umformen lassen.

Das Menschliche

Hierbei ist vielleicht noch ein Wort darüber zu sagen, daß auch die Tiere mit ihren grundsätzlich auf den gleichen Bedingungen beruhenden Leibern ja auch die gleiche Aufgabe der anpassenden Umformung der rohen Energien ausführen. Dies ist unzweifelhaft richtig. Der Unterschied besteht nur darin, daß den Tieren zwar die Fähigkeit der Erhaltung ihrer Art eigen ist, den Menschen aber die Fähigkeit der Verbesserung. Soweit es nicht dem Einfluß des Menschen unterliegt, bleibt das Tier Jahrhunderte und Jahrtausende unverändert auf der gleichen Stufe stehen, und die aufeinanderfolgenden Generationen wiederholen immer wieder den gleichen Kreislauf des Geschehens. Nur der Mensch vermag ihn von Geschlecht zu Geschlecht zu ändern, wobei allerdings die verschiedenen Völker und Stämme mit dieser Eigenschaft der Höherentwicklung in sehr verschiedenem Maße bedacht erscheinen. Und der Sinn dieser Änderung besteht ausschließlich darin, daß er mehr und mehr rohe Energien in seinen Dienst zu stellen, und diese mit höherem und höherem ökonomischen Koeffizienten für seine Zwecke umzuwandeln weiß. Diesen Fortschritt macht aber die Menschheit nicht (oder noch nicht) als Ganzes, sondern er beruht, wie oben erwähnt, vorwiegend auf der Tätigkeit bestimmter, einzelner Völker, und innerhalb dieser wieder auf der Tätigkeit einzelner Personen. Und diese sind die Erfinder und Entdecker.

Erfinder und Entdecker

Wir sehen derart, daß wir es hier mit der wichtigsten Menschenklasse zu tun haben, welche das Geschlecht des homo sapiens hervorbringt. In diesen Menschen ist das spezifisch Menschliche, die Fortschreitungsfähigkeit, zu höchster Entwicklung gelangt. Diese Erkenntnis ist gefühlsmäßig auch weit verbreitet; die Menschheit verehrt in denen, welche ihr neue Energien eröffnet oder eine vollkommenere Verwertung der alten gezeigt haben, ihre wahren Führer und sieht in ihnen die Vorbilder, denen der Einzelne nachzueifern sucht und denen er seine Kinder ähnlich machen möchte. Nachrichten über ihr Leben und ihre Betätigung werden den kommenden Geschlechtern mitgeteilt und von diesen eifrig aufgenommen, denn man fühlt, daß die Kenntnis ihrer Wege und Weisen dazu beitragen kann, ihre Vorzüge zu verallgemeinern. Aber den eigentlichen Nutzen können derartige Nachrichten doch erst haben, wenn sie wissenschaftlich, das heißt in Bezug auf das Allgemeine, Wiederholbare bearbeitet werden. An eine solche Aufgabe haben sich indessen die Vertreter der Wissenschaft bisher nur selten herangetraut. Es erschien wie eine Verletzung der Verehrung, die wir solchen Heroen schuldig sind, wenn man ihr Wesen zu analysieren sich erfrechte. „Du gleichst dem Geist, den du begreifst, nicht mir" schien ein jeder Große dem Geringeren zuzurufen, der etwa eine solche Aufgabe wagen wollte. Und dennoch muß die Aufgabe in Angriff genommen und durchgeführt werden. Wir haben gesehen, daß diese Großen nicht etwa etwas von der übrigen Menschheit ganz und gar verschiedenes, sondern im Gegenteil ihre typischste Ausprägung sind. Wir werden also mit Vertrauen an die Aufgabe gehen können, daß wir in ihnen menschliche Eigenschaften, nur zu besonderer Höhe gesteigert, vorfinden werden. Und diese Einsicht ist gleichzeitig die Führerin für das Verständnis aller Einzelheiten, zu deren Untersuchung wir nun übergehen wollen.

Entdecken und Erfinden

Es ist vorher von Entdecken und Erfinden als von zwei verschiedenen Geistestätigkeiten die Rede gewesen, und daher werden einige Worte über diesen Unterschied am Platze sein. Ich möchte den Unterschied in den Umstand legen, daß es sich beim Entdecken um die Ermittelung neuer Verhältnisse handelt, beim Erfinden dagegen um die Anwendung bekannter Verhältnisse auf einen neuen Zweck. Der Entdecker wird daher bei seinen Arbeiten sich beständig fragen: ist das neu, was ich eben sehe? – der Erfinder dagegen beantwortet sich eine der beiden Fragen: wozu kann ich dies bestimmte Ding brauchen? oder: wie kann ich diese bestimmte Aufgabe lösen? Welche von den beiden Fragen er stellt, wird davon abhängen, ob er es mit wenig bekannten oder neuen Dingen zu tun hat, oder ob vielmehr die zu lösende Aufgabe etwas Neues darstellt.

Natürlich laufen beide Arten der Tätigkeit vielfach ineinander. Der Forscher wird bei seiner Arbeit beständig genötigt sein, Erfindungen zu machen, um das Neue, was er erforschen will, unter möglichst günstige Bedingungen für seine Beobachtung zu bringen. Ebenso ist der Erfinder oft genug in der Lage, Unbekanntes zu sehen, wenn er seine bestimmten Probleme mit neuen Mitteln zu lösen versucht. Um die Herstellung und Beherrschung von Verhältnissen, die noch unbekannt waren, handelt es sich in beiden Fällen; wesentlich verschieden ist nur der Standpunkt des Arbeitenden diesen neuen Verhältnissen gegenüber. Daher wird es zuletzt von den anerzogenen Interessen abhängen, welche Stellung ein zur Erforschung des Neuen begabter junger Mensch seinen derartigen Erlebnissen gegenüber einnehmen wird. Hierin liegt unter anderem die große Schwierigkeit für das Aufleben wissenschaftlicher Tätigkeit in einem Lande, wo ein solches lange Zeit nicht bestanden hat, und wo auch keine äußeren Ursachen dahin drängen. Solche Bedingungen sind beispielsweise jetzt in Spanien vorhanden; dort besteht eine alte, einseitige Lebensweise, welche wissenschaftliche Ideale nicht kennt, ja ablehnt; daher fehlt der Nährboden für die entsprechende Entwicklung der zweifellos vorhandenen geborenen Forscher, und man darf mit großer Sicherheit voraussagen, daß falls aus irgendwelchen Gründen wissenschaftliche Ideale dort Kraft gewinnen sollten, alsbald auch eine reiche Flora entsprechender Talente sich entwickeln wird. Das auffallendste Beispiel für eine derartige plötzliche Entwicklung bietet Frankreich am Ende des achtzehnten Jahrhunderts für die Mathematik und die Naturwissenschaften dar. Durch die Revolution und die aus ihr entstandene Notwendigkeit, die Republik allseitig gegen das alte Europa zu verteidigen, den Unterricht und die Technik neu zu organisieren und überall Bildung und Leistungsfähigkeit zu verbreiten, war ein plötzlicher und großer Bedarf an wissenschaftlichen, insbesondere naturwissenschaftlichen Menschen entstanden und dieses Bedürfnis ließ alsbald jene Reihe glänzender Denker und Forscher entstehen, durch welche sich Frankreich nicht minder als durch seine politischen Bewegungen damals ausgezeichnet hat. Es ist schwerlich statthaft anzunehmen, daß jene Zeit die Geburt ungewöhnlich organisierter Männer durch ihre starke Bewegtheit bewirkt hätte, denn die Geburtszeit der ausgezeichneten Männer fällt im allgemeinen noch weit in die politisch und wirtschaftlich gedrückten Zeiten des unmittelbar vorangegangenen Königtums zurück, und die unter dem Einfluß der ersten revolutionären Bewegung geborene Generation zeigt später keinen besonders hervorragenden Charakter. Man muß vielmehr annehmen, daß es sich um den regelmäßig vorhandenen Rohstoff handelt, aus dem unter geeigneten Umständen die großen Männer stets entstehen, und daß nur die plötzlich eingetretenen Entwicklungsmöglichkeiten diesen Rohstoff zu besonders reichlichem Gedeihen brachten.

Schulwesen

Auf die Wichtigkeit dieses Ergebnisses muß mit Nachdruck hingewiesen werden. Ist es richtig, und es scheinen weder allgemeine noch besondere Gründe vorzuliegen, an seiner

Richtigkeit zu zweifeln[1], so folgt, daß gegenwärtig im allgemeinen die intellektuellen und schöpferischen Hilfsquellen der Völker bei weitem noch nicht so vollständig ausgenutzt werden, als es möglich wäre. Hieraus folgt weiter, daß dasjenige Volk, welches zuerst lernen wird, die Ausnutzung regelrecht zu bewerkstelligen, eine weitreichende Überlegenheit über alle anderen Völker gewinnen wird. Um dies aber zu erreichen, muß allerdings der Geist unseres Schulunterrichts von Grund aus geändert werden. Denn dieser nimmt gegenwärtig nicht die geringste Rücksicht auf die Aufgabe, die besonders Begabten und Entwicklungsfähigen zu ermitteln und sie besonders zu fördern. Vielmehr hat die Schule umgekehrt die Beschaffenheit, daß sie jene Besten zu beständigem Widerspruch herausfordert, wie das sich an der wohlbekannten Tatsache kennzeichnet, daß die späteren großen Männer fast alle sehr schlechte Schüler gewesen sind. Es liegt dies daran, daß die Schule eine gewisse mittlere Leistung in einer großen Anzahl sehr verschiedener Fächer anstrebt und besondere Begabung in einzelnen Fächern, die meist mit entsprechender Abneigung gegen fernliegende verbunden ist, als eine Geistesbeschaffenheit behandelt, die durchaus nicht gelitten werden soll. Nun ist eine große Einseitigkeit gerade eines der auffallendsten Kennzeichen der späteren großen Männer (wenn auch allerdings kein untrügliches), und die Bemühungen der Schule, diese zu beseitigen oder auszugleichen, bedeuten nicht weniger, als die Bemühung, die Befähigung zum späteren großen Manne nach Möglichkeit zurückzudrängen. Man darf dagegen nicht meinen, daß der große Mann sich unter allen Umständen Bahn schaffe. Abgesehen davon, daß er sich ohne diese Hindernisse im allgemeinen noch besser hätte entwickeln und entsprechend mehr hätte

---

[1] Ein anderes sehr auffallendes Beispiel bietet die Entwicklung der chemischen Industrie Deutschlands seit den siebziger Jahren des vorigen Jahrhunderts. Nachdem durch Bismarcks Schutzpolitik die Bedingungen für jene Entwicklung gegeben waren, fanden sich alsbald auffallend viele Männer, welche auf dem genannten Gebiete nicht nur tüchtig, sondern mit ausgesprochenen schöpferischen Fähigkeiten ausgestattet waren. Ganz ähnlich scheint es sich auf anderen Gebieten der Technik verhalten zu haben, doch kann ich dort nicht aus eigener Kenntnis urteilen.

leisten können, muß auf den vorher aufgewiesenen Umstand Gewicht gelegt werden, daß durch ungeeignete Entwicklungsbedingungen eine erhebliche Anzahl solcher, die Hervorragendes unter geeigneten Umständen hätten leisten können, an ihrer freien Entwicklung behindert werden. Wenn wir uns überzeugen, daß ungewöhnlich günstige Umstände alsbald die Ausbeute an hervorragenden Männern ungewöhnlich steigern, so können wir gar nicht um den Schluß herumkommen, daß die gewöhnlichen ungünstigen Umstände unserer Schulen eine große Anzahl ursprünglicher Begabungen unterdrücken und zerstören.

Dies bedeutet aber einen willkürlichen und vermeidbaren Verlust an dem Wichtigsten, was ein jedes Volk besitzt oder hervorbringt, um seine Stellung in der Welt zu sichern, einen Verlust an seinen führenden Geistern.

Die geschichtliche Methode

Hieraus ist bereits die große praktische Wichtigkeit einer möglichst genauen Kenntnis der Lebens- und Entwicklungsbedingungen bedeutender Forscher ersichtlich. Sie ist mindestens ebenso groß, wie das theoretische oder allgemeine Interesse an einer näheren Kenntnis dieser glänzenden Erscheinungen. Nun könnte man sagen, durch die geschichtliche Forschung, die uns die Einzelheiten über den einzelnen Mann aufdeckt, könnten wir bestenfalls im Sinne Rankes ermitteln, „wie es eigentlich gewesen" sei um ihn; wir dürften uns aber nicht der hohen Aufgabe vermessen, hieraus etwa Schlüsse darauf ziehen zu wollen, was unter den Lebensumständen jener Größen für ihre Entwicklung günstig, was ungünstig gewirkt habe. Ich möchte im Gegensatz dazu betonen, daß ich es durchaus für notwendig halte, uns dieser Aufgabe zu vermessen. Die Geschichte lehrt uns zunächst die Einzelheiten über das Leben ausgezeichneter Menschen, dann aber der größeren Gemeinwesen, der Städte, Staaten und Völker kennen, und es wäre ein Verzicht auf die eigentliche Aufgabe der Wissenschaft, wenn wir uns mit einer möglichst genauen Einzelkenntnis dieser Schicksale begnügen wollten. Auch der Naturforscher kann seine Beobachtungen und Experimente nur an einzelnen Individuen oder Fällen ausführen; er aber begnügt sich niemals, festzustellen, wie es bei diesen eigentlich gewesen sei, sondern er beginnt seine wissenschaftliche Arbeit damit, festzustellen, was bei der von ihm beobachteten Einzelheit allgemein und was individuell gewesen ist. Nur das erste interessiert ihn, und nur für das Allgemeine spricht er, wenn ihm die Arbeit gelungen ist, die neuen Naturgesetze aus, welche das Ergebnis einer solchen gelungenen Arbeit zusammenfassen.

In gleicher Weise müssen wir also auch die Aufgabe anfassen und ausführen, die uns die Geschichte großer Männer stellt. Wir müssen suchen, das Allgemeine vom Individuellen zu sondern und das erstere sachgemäß auszusprechen, während das zweite nur insofern Beachtung verdient, als sein Einfluß auf das Allgemeine erkennbar ist.

Zwei Fragen erheben sich hier. Erstens: was ist das Allgemeine oder wie ist es erkennbar? Und zweitens: wie erfahren wir, welche von den Einzelheiten oder individuellen Verhältnissen für das Allgemeine wesentlich sind? Die erste Frage muß beantwortet sein, bevor wir die zweite in Betracht ziehen können.

Das Allgemeine oder Gesetzliche, was für die Beurteilung und Verwertung aller Einzelerscheinungen in erster Linie in Frage kommt, ist dasjenige, was sich in übereinstimmender Weise bei allen individuellen Fällen wiederfindet. Es gibt ein untrügliches Kennzeichen wissenschaftlicher Arbeit, welches uns jederzeit gestattet, zu erkennen, ob ein bestimmtes Problem überhaupt wissenschaftliche Bedeutung hat und wieweit diese geht. Es besteht darin, daß man auf Grund wissenschaftlicher Ergebnisse muß prophezeien können. Für die Naturwissenschaften ist dies alsbald einleuchtend. Aus der Beschaffenheit eines Kinnbackens kann der Geologe voraussagen, wie das übrige Skelett des betreffenden Wirbeltieres beschaffen sein muß, und entdeckt der Chemiker ein neues Element, so kann er prophezeien, welchen Wert seine spezifische Wärme haben wird, auch wenn er noch keinerlei Messung darüber angestellt hat. Diese Möglichkeit des Prophezeiens beruht auf der Kenntnis der entsprechenden Naturgesetze, und die Naturgesetze haben die Eigenschaft und den Zweck, regelmäßig wiederkehrende Verhältnisse in einem möglichst scharfen Ausdruck zu fassen. Es lassen sich mit anderen Worten nur regelmäßig wiederkehrende Ereignisse oder Verhältnisse prophezeien und die Naturgesetze sind eben der Ausspruch dessen, was wiederkehrt.

So ist es unsere Aufgabe auch dem besonderen Problem der Lebensbedingungen großer Männer gegenüber, dasjenige herauszufinden und auszusprechen, was sich an ihnen wiederholt, wenn wir sie mit denen anderer großer Männer vergleichen. Wir haben die großen Männer als eine besondere Spezies des homo sapiens aufzufassen, und in rein naturwissenschaftlicher Weise ihre Kennzeichen und Eigentümlichkeiten zu erforschen, in denen sie sich untereinander ähnlich sehen und aus der übrigen Menschheit hervorragen. Der Nachweis desjenigen, was bei ihnen sich ebenso verhält, wie bei anderen Menschen, hat dagegen keine Bedeutung; das Interesse daran erschöpft sich mit der Erkenntnis, daß hier keine besonderen Kennzeichen anzutreffen sind. Daher die instinktive Abneigung, welche der nicht philologisch verschulte Mensch gegen die Kleinigkeitskrämerei hat, mit der man gegenwärtig zuweilen unerhebliche Einzelheiten aus dem Leben großer Männer behandelt. Wenn dagegen betont wird, daß man ja nicht voraus wissen könne, ob nicht diese Dinge einmal unter besonderen Gesichtspunkten von Interesse werden könnten, und es dann ein ewiger Verlust sein würde, wenn man sie nicht beachtet hätte, so muß dagegen der oben angewiesene Gesichtspunkt wiederum geltend gemacht werden: von Interesse ist nur das Allgemeine, Wiederholbare. Es gibt also im wissenschaftlichen Sinne keine ewigen Verluste. Denn wenn das Verlorene etwas war, was nur einmalig vorkommt, bzw. vorgekommen ist, so liegt gar nichts daran, daß es erhalten wird, ebensowenig, wie etwas daran liegt, daß die zufälligen Wetterumstände, bei denen etwa eine wissenschaftliche Entdeckung gemacht worden ist, der Nachwelt berichtet werden. Handelt es sich um etwas wichtiges, so wird es sich seiner Wichtigkeit entsprechend mehrfach und vielfach wiederholen, und dann kommt nicht viel auf den Verlust eines einzelnen Beispieles an. Selbst für die Kennzeichnung des vorliegenden Individuums wäre ein solcher Verlust, dessen Wert erst später erkannt worden ist, nicht unersetzlich. Denn je genauer die allgemeinen Gesetze bekannt sind, um so sicherer kann man das Fehlende im Einzelfalle interpolieren, d. h. aus den maßgebenden Gesetzlichkeiten ergänzen und somit die Lücke ausfüllen.

Ich weiß, daß ich mit diesen Darlegungen mich in Gegensatz zu einer überaus verbreiteten Anschauung stelle, deren Einfluß gerade in den geschichtlichen Wissenschaften und den mit ihnen zusammenhängenden populären Interessen außerordentlich groß ist. „Die Stätte, die ein großer Mann betrat, ist eingeweiht" heißt es, und damit rechtfertigt man eine Reliquienverehrung, die bis zum Fetischdienst ausartet. Während sich der moderne „Gebildete" hoch erhaben über den Reliquiendienst der mittelalterlichen Kirche fühlt, treibt er bezüglich seiner von ihm mehr oder minder angebeteten künstlerischen oder wissenschaftlichen Heiligen eine nicht minder mittelalterliche Reliquienmystik, von der man regelmäßig wiederkehrende Proben immer wieder in Zeitungsfeuilletons und schöngeistigen Büchern finden kann. Dies rührt eben von der Vorstellung her, daß es sich um Einzigkeiten von unersetzlichem Wert handelt. Dem gegenüber muß man beachten, daß das Individuelle immer das Beschränkte und Zufällige ist. Wenn man Goethe mit seinem Worte: „Höchstes Glück der Erdenkinder sei doch die Persönlichkeit" zitiert, so ist zu sagen, daß hier von Glück und nicht von Wert die Rede ist. Derselbe Goethe schreibt den Individualisten ins Stammbuch: „Eigenheiten, die werden schon haften; kultiviere deine Eigenschaften". Das heißt aber: nicht das, was zufällig bei dir anders ist, als bei anderen, macht deinen Wert aus, sondern das, was bei dir höher entwickelt ist, als bei anderen. Um aber von höherer und niederer Entwicklung reden zu können, muß das Ding vergleichbar sein, d. h. bei vielen Menschen vorkommen, wenn auch in verschiedenem Grade. So haben wir ja bereits von vornherein bezüglich der großen Männer feststellen können, daß es sich bei ihnen um eine außerordentliche Entwicklung spezifisch menschlicher Beschaffenheiten handelt, und nicht um das Vorhandensein außermenschlicher. In dieser Beziehung besteht also gar kein Unterschied zwischen naturwissenschaftlicher und historischer Forschung. Wenn ein solcher namentlich in neuerer Zeit als Widerspruch gegen die eben ausgesprochene Auffassung der wissenschaftlichen Historie zuweilen konstruiert worden ist, indem man gerade das Individuelle als den Gegenstand der Geschichte gekennzeichnet hat, so ist dabei übersehen worden, daß selbst der individuellste Fall nicht beschrieben, d. h. anderen Menschen zur Kenntnis gebracht werden kann, als unter Benutzung allgemeiner Begriffe, wie sie in der Sprache mehr oder minder bestimmt festgestellt sich finden. Also auch der allerindividuellste Fall, über den wir berichten, kann nur als eine Kombination bekannter, d. h. oft wiederholter Einzelbegriffe dargestellt werden, und der Historiker, der eine solche individuelle Darstellung versucht, ist gezwungen, von den vorhandenen Allgemeinbegriffen (deren Vorhandensein er leugnet) beständig Gebrauch zu machen. Auch die Naturwissenschaften gehen von Einzelfällen aus und wußten sie früher nicht anders als durch Beschreibung, d. h. die Zusammenstellung der ihnen bekannten und im vorliegenden Falle anwendbaren Allgemeinbegriffe zu bewältigen. Später haben sie aus den Einzelfällen Allgemeingesetze abgeleitet. Es handelt sich einfach um den erreichten Grad der Wissenschaftlichkeit, der bestimmt, wie weit man von dem gerade vorhandenen Einzelfall abzusehen und das durch ihn dargestellte Allgemeine herauszuarbeiten vermag.

Die Frage, was das Allgemeine ist, und wodurch man es erkennen kann, beantwortet sich somit folgendermaßen: das Allgemeine ist das Wiederholbare und wird an dem tatsächlichen Vorhandensein der Wiederholung erkannt. Und damit erledigt sich auch die zweite Frage, wie man die wesentlichen Bestandteile des Einzelfalles erkennen kann. Wesentlich ist das, was man als wiederholt erkennen, und nachweisen kann.

Hieraus ergibt sich, daß man allerdings, wenn man ein: neues Gebiet eben zu untersuchen beginnt, nicht vorauswissen kann, welche von den unendlich vielen Einzelheiten eines jeden Falles als wesentlich und wiederholbar sich bei der Untersuchung erweisen werden. Den Anfang aller wissenschaftlichen Arbeit macht also die einfache Kenntnisnahme der Vorhandenen nach rein technischen Gesichtspunkten. Das heißt, man wird einfach die Einzelheiten sammeln, deren man habhaft werden kann, und nachsehen, wieweit man darin Wiederholbares ermitteln kann. Dies ist das Stadium, wo noch kein Wertunterschied der Einzelheiten im wissenschaftlichen Sinne vorliegt. Die Wichtigkeit dieses ersten Stadiums der Arbeit steht außer Zweifel, denn ohne zu wissen, „wie es eigentlich gewesen ist", kann man nicht nach dem Übereinstimmenden suchen. Aber nicht minder ist einleuchtend, daß es sich nur um das erste Stadium und nicht um Anfang und Ende der wissenschaftlichen Arbeit handelt.

Sowie aber aus dieser Sammlung des Materials sich die Übereinstimmungen der Einzelfälle bezüglich irgendwelcher gemeinsamen Verhältnisse erkennen lassen, beginnt das zweite Stadium, das in der Herausarbeitung der Übereinstimmungen besteht. Ob das Ergebnis auf der elementaren Stufe einer empirischen Regel verbleibt, wie etwa der Satz, daß die wirtschaftliche Prosperität der modernen Nationen eine wellenförmige Bewegung mit einer Periode von rund zehn Jahren aufweist, oder ob es sich um weiter und tiefer greifende Verallgemeinerungen handelt, ist lediglich eine Sache des Entwicklungsgrades des betreffenden Wissenschaftsgebietes; das Wesentliche ist immer das Allgemeine, und der Grad der Allgemeinheit kennzeichnet auch den Grad der Wichtigkeit.

Es muß hierbei nicht nur zugegeben, sondern ausdrücklich betont werden, daß die Bedeutung irgendeiner Einzelheit ganz verschieden sein kann, und muß, je nach dem wissenschaftlichen Standpunkte, der erreicht worden ist. Insbesondere treten immer mehr und mehr Einzelheiten, die bisher unwichtig waren, weil man an ihnen keine Zusammenhänge ermittelt hatte, später in den Brennpunkt der Wissenschaft, die inzwischen solche Zusammenhänge ermittelt hat. Wie nun, wenn man bis dahin gerade diese Einzelheiten vernachlässigt hat?

Dann sucht man sie eben auf und erforscht ihre Eigentümlichkeiten. Der Gesichtspunkt, unter welchem sie wichtig werden, bestimmt auch die Art ihrer Erforschung. Es ist nie möglich, „schätzbares Material" für die künftige Benutzung so zu sammeln, daß dieser künftige Benutzer damit zufrieden ist; meist wird er sich mit Recht beklagen, daß gerade das übersehen oder unbestimmt gelassen worden ist, was für ihn das Wichtigste war. Und so muß der erste Ansatz der Verallgemeinerung auch die Fragen bestimmen, unter denen das

Material zu sammeln ist.

Ist denn notwendig dieser erste Ansatz auch richtig oder brauchbar? Richtig im Sinne der Unverbesserlichkeit wird er sicher nicht sein, brauchbar dagegen stets, wenn es sich um eine tatsächliche Allgemeinheit handelt, nicht eine zufällig vorgetäuschte. Beide Fragen, die nach dem tatsächlichen Vorhandensein der zuerst mehr vermuteten als nachgewiesenen Allgemeinheit, und die nach ihrer etwa notwendig werdenden Änderung oder Erweiterung beantworten sich selbsttätig durch die genauere Erforschung der Angelegenheit unter dem vorläufig angenommenen Gesichtspunkte. Die persönliche wissenschaftliche Höhe kennzeichnet sich in diesem Stadium der Arbeit durch die Unbefangenheit, nötigenfalls Grausamkeit des Forschers seinen eigenen Geisteskindern gegenüber. Der erlösende Eindruck einer erst gefundenen Verallgemeinerung in einem neuen Gebiete ist meist so stark, daß es einer besonderen Anstrengung bedarf, sich stets gegenwärtig zu halten, daß sie möglicherweise verfehlt sein kann. Insofern sie eine Reihe von Tatsachen wirklich zusammenfaßt, enthält sie ja jedenfalls einen brauchbaren Anteil; aber dieser kann möglicherweise an einer Stelle vorhanden sein, deren Wichtigkeit man nicht erkannt hat. Und findet man dann Widersprüche, so ist der Vorgang der allmählichen Anpassung des zusammenfassenden Gedankens an die vorhandenen Tatsachen eine Arbeit, die immer wieder in aller Wissenschaft ausgeführt werden muß und deren eigentlichen Fortschritt ausmacht. Es ist also nicht möglich, die Sammlung des Materials und seine systematische Verwertung als zeitlich und persönlich gesonderte Aufgaben zu behandeln. Machen äußere Gründe dies nötig, so ist eine entsprechende Verzögerung des wissenschaftlichen Ergebnisses und eine Verringerung ihres Wertes die unausbleibliche Folge.

Das biographische Material

Machen wir nun die Anwendung dieser Betrachtungen auf unseren besonderen Fall, so werden wir gleichfalls uns zunächst an das Material halten müssen, welches uns durch die üblichen Biographien, die meist äußerst unwissenschaftlich gehalten sind, vermittelt wird. Die hier gefundenen allgemeinen Gesichtspunkte werden dann die Richtung ergeben, in welcher nach mehr und besserem Material zu suchen ist. Wo irgendeine Frage in dem vorliegenden Sonderfalle sich wegen Materialmangels der Entscheidung entzieht, da suchen wir sie an anderen Fällen zu beantworten und sehen zu, ob die so gefundene Antwort sich dem ersten Tatbestande zwanglos einfügen läßt. In solcher Weise kommen wir vorwärts, wie dies Goethe schildert: nie geschlossen, oft gerundet.

Auf eine besondere Art Material soll indessen noch hingewiesen werden, da sie an Wichtigkeit alle anderen Arten weit übersteigt. Es sind dies die persönlichen Äußerungen der Forscher selbst. Diese liegen zunächst in Gestalt ihrer wissenschaftlichen Arbeiten vor, welche die geistige Höhe kennzeichnen, die von ihnen erreicht worden ist. Ferner aber sind sonstige persönliche Dokumente, besonders Briefe, dadurch von größtem Wert, daß sie in den Entwicklungsgang der Gedankenarbeit einen Einblick gewähren und somit das psychologische Verständnis des Arbeitsweges vermitteln. Für die nachfolgenden Untersuchungen haben solche Nachweise bei weitem das meiste Material gegeben, und es muß mit großem Danke begrüßt werden, daß in den letzten Jahren die Veröffentlichung von Briefen wissenschaftlich hervorragender Menschen einen erfreulich weiten Umfang angenommen hat. Auch in Biographien findet man derartiges Material meist reichlich verwertet; den Biographen kommt es aber durchschnittlich viel weniger auf eine psychologische Analyse ihres Helden, als auf seine möglichst große Verherrlichung an, und so muß man den Text zwischen den Briefen mit Vorsicht benutzen.

Die gegenwärtige historische Technik hat im Anschluß an die philologische eine sehr weitgehende, meist übertriebene Sorgfalt bezüglich der Wiedergabe der letzten Einzelheiten der Originale entwickelt, und die Inhaber dieser Technik pflegen mit großer Unduldsamkeit auf die herabzusehen, die sich ihrer Weise nicht anschließen. Ich bin noch nicht gewahr geworden, daß diese letzte Sorgfalt von erheblicher sachlicher Bedeutung wäre. Sie ist die praktische Folge der weitverbreiteten Ansicht bezüglich der Unersetzlichkeit des Einzelfaktums. Für den, der dieser Ansicht nicht ist, und der sich vergegenwärtigt, daß niemals ein Schluß aus einer einzigen Instanz gesichert ist, macht es nicht viel aus, ob er gegebenenfalls eine einzelne Sache unbestimmt lassen muß, weil ein Wort sich nicht entziffern oder eine Beziehung sich nicht nachweisen läßt. Denn er wird seine allgemeinen Schlüsse nicht eher ziehen, als bis er eine genügende Anzahl von übereinstimmenden Fällen besitzt. So wird auch auf diesem Arbeitsgebiete die sachgemäße Erwägung der Fehlerquellen den Betrag der Arbeit bestimmen, den man auf die Reinigung und Sicherung des Materials verwenden wird. Denn da diese Arbeit ebensowenig wie irgendeine andere zum absoluten Ende geführt werden kann, soll man als Grenze nicht den zufälligen Betrag der persönlichen Technik, sondern den rationellen der Fehlerabschätzung setzen.

J. R. Mayer

Aus der reichen Fülle großer Männer, durch deren Arbeit die Menschheit zu ihrer gegenwärtigen Entwicklung gelangt ist, greife ich zunächst drei heraus, die sämtlich dem vorigen Jahrhundert angehören, auf dem gleichen Gebiete ihre fundamentalen Entdeckungen gemacht haben, Deutsche waren, und deren Charakter und Schicksale doch so von Grund aus verschieden sind, daß sie etwa die entgegengesetzten Pole der vorhandenen Möglichkeiten darstellen. Die Männer sind Julius Robert Mayer, Hermann Helmholtz und Justus Liebig. Die große Entdeckung, welche bei den beiden erstgenannten im Mittelpunkte steht, ist das Gesetz von der Erhaltung der Energie, dasselbe Gesetz, das uns als Führer in den anfangs angestellten allgemeinen Betrachtungen gedient hat,

Julius Robert Mayer wurde 1814 zu Heilbronn als der jüngste Sohn eines Apothekers geboren. Wie er selbst mitteilt, hat er als Kind vergeblich versucht, ein mechanisches Perpetuum mobile zu erbauen, und dieser Mißerfolg ist ihm dann zum Ausgangspunkt der Entdeckung geworden, welche die positive Seite des Satzes von der Unmöglichkeit eines Perpetuum mobile darstellt. Denn da ein solches sich als ein

Apparat kennzeichnen läßt, welcher Arbeit ohne irgendwelchen Aufwand schaffen soll, und Arbeit eine der vielen Formen der Energie ist, so müßte durch ein Perpetuum mobile das Gesetz von der Erhaltung der Energie in solchem Sinne verletzt werden können, daß durch irgendwelche Umwandlungen aus einer gegebenen Energiemenge eine größere entstünde.

Allerdings wäre jene Erfahrung, die außer dem Knaben Mayer noch viele Tausende gemacht haben, ohne Folgen geblieben, wenn nicht die gleiche Gedankenreihe später dem Erwachsenen und wissenschaftlich ausgebildeten Manne wiedergekommen wäre, wenn auch auf einem ganz anderen Gebiete. Nach recht unbefriedigenden Leistungen in der Schule hatte er an seiner schwäbischen Heimatuniversität Tübingen Medizin studiert, war dann nach München und Paris gegangen und hatte sich schließlich, 26 Jahre alt, als Schiffsarzt nach Java begeben. Die Muße der langen Reise (101 Tage für die Hinfahrt bis Batavia) benutzte er zu wissenschaftlichen Studien in den mitgebrachten Büchern, und an seine alten Perpetuummobile-Gedanken wurde er gemahnt, als ihm bei gelegentlichen Aderlässen die sehr viel rötere Farbe des Venenblutes unter den Tropen auffiel. Dessen Farbe ist nämlich um so dunkler, je ärmer das Blut an Sauerstoff geworden ist, und so ergab sich zunächst der Schluß, daß unter den Tropen weniger Sauerstoff verbraucht wird, als im gemäßigten Klima. Dies war weiter nicht verwunderlich, denn es war bereits bekannt, daß die tierische Wärme von der Verbrennung der Nahrungsmittel durch den eingeatmeten Luftsauerstoff herrührt; und daß im warmen Klima weniger Wärme nötig ist, um die Temperatur des Körpers zu erhalten, daß also auch weniger Sauerstoff verbraucht wird, ergibt sich ohne weiteres.

Aber eine andere Frage entstand hierbei. Gesetzt, ein Mensch, der eine bestimmte Nahrungsmenge aufgenommen hat, arbeitet mittelst seiner Muskeln an einer Maschine, welche die aufgenommene Arbeit durch Reibung in Wärme verwandelt. Dann wird er also außer der Wärme in seinem Körper noch Wärme außerhalb erzeugt haben, und die Frage ist: entspricht diese äußere Wärme auch einem Teil der verbrannten Nahrung, oder stammt sie wo anders her? Nimmt man die zweite Möglichkeit an, so ist der Körper der Menschen und Tiere ein Perpetuum mobile, denn er kann Arbeit aus nichts schaffen. Will man dies nicht zugeben, so muß man fordern, daß der arbeitende Organismus mehr Nahrungsmittel verbraucht, aus deren Verbrennung sowohl die äußere Arbeit, wie die vermehrte Wärmeentwicklung im Körper gedeckt wird. Dies stimmt nun mit der Erfahrung gut überein, denn es ist wohlbekannt, daß ein arbeitendes Pferd viel mehr Futter braucht, als ein im Stalle stehendes. So muß man denn die äußere Arbeit als ein Produkt oder Äquivalent dieses Nahrungsüberschusses ansehen. Gleiches muß man in jedem anderen Falle der Gewinnung von Arbeit aus irgendwelchen anderen Quellen schließen, und daraus ergibt sich unter Festhaltung des Satzes von der Unmöglichkeit eines Perpetuum mobile, die Notwendigkeit des Gesetzes, daß Arbeit ebensowenig aus nichts geschaffen werden kann, wie ponderable Materie.

Als Mayer mit dieser Erkenntnis nach Hause gekommen war und sie dem Urteil seiner Freunde, denen er die erforderlichen sachlichen Kenntnisse zutraute, unterwerfen wollte, entstanden für ihn die größten Schwierigkeiten. Er mußte sich für diese Mitteilungen der Ausdrücke bedienen, welche in der zeitgenössischen Wissenschaft gebräuchlich waren; da er aber als Mediziner nur über sehr mangelhafte Kenntnisse in der Mechanik verfügte, so geriet er zunächst durchaus in die Irre. Als Maß für die Leistung der Kräfte fand er in den Lehrbüchern die Bewegungsgröße, das Produkt aus Masse und Geschwindigkeit angegeben. Er versuchte, seine Idee von der Umwandlung und Erhaltung der Kraftleistung mittelst dieses Ausdruckes zu formulieren, geriet dabei aber in Widersprüche mit seiner eigenen Grundanschauung, die ihn zu der Annahme verleiteten, es seien die Himmelskörper ganz anderen Gesetzen unterworfen, als die irdischen, indem bei ersteren eine dauernde Schöpfung von Kraftwirkung möglich sei. Er schrieb in diesem Sinne eine Abhandlung, die er der Redaktion der Annalen der Physik zur Veröffentlichung anbot; jedoch erhielt er weder Nachricht über die Abweisung der Arbeit, noch wurde ihm auf sein Verlangen das Manuskript wieder zugestellt; erst viel später konnte es aus dem Nachlasse des Herausgebers der Annalen, Poggendorff veröffentlicht werden.

Für die spätere Klärung seiner Ansichten erhielt Mayer wesentliche Hilfe von seinem Freunde Baur, der Mathematiker und Physiker war. Er lernte bei ihm die Grundlagen der klassischen Mechanik kennen. Ebenso erfuhr er eine, anscheinend sehr energische Kritik seitens des Tübinger Physikprofessors Nörremberg. Die Folge dieser Selbsterziehung Mayers war die Einsicht, daß als Maß der Leistung oder Arbeit der Kräfte die von Leibniz so genannte lebendige Kraft, die der Masse und dem Quadrat der Geschwindigkeit proportional ist, zu dienen hatte, denn dies ist die Größe, welche gleich ausfällt, wenn die gleiche Arbeit zur Bewegung verschiedener Massen verbraucht wird. Mit dieser Einsicht fielen auch die Unstimmigkeiten fort, die Mayer früher bei dem Verhalten der Himmelskörper gefunden zu haben glaubte, und der Gedanke gestattete eine klare und harmonische Durchführung.

Unmittelbar, nachdem diese Erkenntnis erreicht war, schrieb Mayer eine zweite, ganz kurze Abhandlung, die er dem Herausgeber der Annalen der Pharmazie und Chemie, Justus Liebig, zur Veröffentlichung übersandte. Diese Abhandlung wurde alsbald aufgenommen und gedruckt, da Liebig selbst mit solchen Fragen umgegangen war, ohne die einfache Lösung zu finden, deren Entdeckung Mayers Verdienst ist.

Mayer erkannte bereits damals vollständig die unübersehbar weite Bedeutung, welche seine Endeckung für die gesamte Physik, Chemie und Physiologie haben mußte, wenn sie sachgemäß auf die verschiedenen Gebiete der Wissenschaft angewendet wurde. Er erwartete daher eine lebhafte Bewegung in der Wissenschaft im Anschluß an seinen Aufsatz, fand aber nicht die geringste Resonanz. Auch als er drei Jahre später eine umfassende Abhandlung unter dem viel zu engen Titel „Die organische Bewegung und der Stoffwechsel" und nach weiteren drei Jahren „Beiträge zur Dynamik des Himmels" veröffentlichte, in denen er namentlich auf die physiologischen und kosmischen Anwendungen seines Prinzips aufmerksam machte und die entsprechenden Rechnungen darlegte, konnte er keinerlei Erörterung dieser Ansichten erzielen. Sein Geist und Gemüt war um diese Zeit so voll von der Sache, daß er kaum an etwas anderes denken konnte, und es ist rührend und kläglich zu sehen, wie er alle seine Freunde und Bekannten, von denen er auch nur ein wenig Verständnis zu finden erhoffte, mit Briefen überschüttete, in denen er ihnen seine Gedanken darlegt und sie immer wieder um Kritik bittet, ohne viel mehr als ausweichende Äußerungen zu erzielen. Was er erzielte, war nur die allgemeine Ansicht, daß es mit ihm nicht ganz richtig sei, da er unmögliche Probleme, ähnlich der Quadratur des Kreises verfolge. Denn er war nach seiner Heimkehr in seiner Vaterstadt Heilbronn geblieben und hatte sich dort als praktischer Arzt niedergelassen. Seine kleinstädtische Umgebung war weit entfernt, auch nur an die Möglichkeit zu denken, daß der wohlbekannte junge Mensch, der Sohn des ebenso wohlbekannten Apothekers, etwas erdacht haben könnte, was von weltbewegender Bedeutung war.

Das Jahr 1848 wurde, wie so viele andere, auch für J. R. Mayer verhängnisvoll. Während er sich auf den äußersten rechten Flügel der politischen Parteien stellte, war sein Bruder Fritz, in dem er seinen ersten Anhänger gewonnen hatte, der Führer der äußersten Linken, und bei den Freischärlerbewegungen des tollen Jahres geriet Mayer bei einem Versuch, den Bruder seiner Familie wieder zuzuführen, in ernste Gefahr, von den aufgeregten Freischärlern als Spion erschossen zu werden. Hierzu kam noch folgendes Ereignis. Durch die späteren Arbeiten von Joule und Helmholtz war die Bedeutung von Mayers Entdeckung in den Fachkreisen zwar ziemlich allgemein anerkannt worden, Mayers Priorität wurde dagegen mit unhaltbaren Gründen in Zweifel gezogen. Während seiner Kämpfe um Anerkennung seines geistigen Eigentums hatte er in der Allgemeinen Zeitung einen Aufsatz unter dem Titel „Wichtige physikalische Erfindung" veröffentlicht, in welchem er die Anwendung seines Prinzips zur Messung der Arbeit einer Maschine auf Grund der von ihr beim Bremsen entwickelten Wärme darlegte. Dieser Aufsatz wurde von einem jungen Physiker Seyffer in höhnischem Tone angegriffen und Mayer wurde als ein konfuser Phantast zu den großen ausländischen Physikern in Gegensatz gestellt. Mayers Versuche, zu seiner Verteidigung etwas in der Allgemeinen Zeitung zu veröffentlichen, waren vergeblich, und dies Ereignis wirkte derartig auf ihn ein, daß er sich eines Morgens in einem Anfalle geistiger Erregung aus seinem zwei Stock hoch gelegenen Fenster stürzte. Nach einem langen Krankenlager, das ihn an den Rand des Todes brachte, genas er wieder und schrieb „Bemerkungen über das mechanische Wärmeäquivalent", die von demselben Geiste erfüllt und getragen sind, wie seine früheren Veröffentlichungen, aber neue physikalische Gedanken nicht enthalten. Im Jahre 1852 überfiel ihn nach geringeren periodischen Anfällen eine Gehirnentzündung, während derer er von den Irrenärzten Griesinger und Landerer durch 16 Monate mit Zwangsmaßregeln mißhandelt wurde. Vor dem Ausbruch dieser Krankheit hat er den Mangel an Anerkennung und die Neigung, seine Verdienste anderen zuzuschreiben, auf das lebhafteste empfunden; seine Behandlung war darauf zugeschnitten, ihm den Anspruch auszutreiben, daß er wichtige wissenschaftliche Wahrheiten entdeckt haben könnte.

Mayer hat den Eindruck dieser Erlebnisse niemals überwunden. Seine wissenschaftliche Leistungsfähigkeit war vollständig vernichtet und die Erinnerung an jenes Leidensjahr versetzte ihn immer wieder in die bitterste Erregung. Seine ärztliche Praxis schränkte sich auf den nächsten Kreis seiner Verwandten und Freunde ein, doch hat er niemals pekuniäre Not gelitten. So lebte er noch ein Vierteljahrhundert unter allmählichem Anwachsen der öffentlichen Anerkennung, die indessen den Eindruck jener früheren Unrechte niemals überwunden hat, bis er im Jahre 1878, im 64. Lebensjahre starb.

Fassen wir den Gesamteindruck dieses Lebens zusammen, so haben wir es mit einem Manne zu tun, dem die große Leistung, die er in jungen Jahren ausgeführt hatte, nur Nachteile aller Art gebracht hat. Sie warf ihn aus seinem täglichen Berufe heraus, brachte ihn innerhalb seiner Umgebung in den Ruf eines Phantasten, und dieser Widerstand ging schließlich so weit, daß er den geistigen Apparat, der so großes geleistet hatte, zerstörte. Das ganze Leben dieses Entdeckers ist ein fortgesetztes Leiden für das Geschenk, das er der Menschheit gebracht hat. Und zwar handelt es sich nicht um ein indifferentes zufälliges Zusammentreffen äußeren Unglückes mit der einzelnen Persönlichkeit, das ja bei den mannigfaltigen

Leiden, denen die Menschen ausgesetzt sind, beim großen Manne ebenso eintreten kann, wie beim alltäglichen, sondern um unmittelbare Folgen der entscheidenden Leistung, deren Beschaffenheit so außer allem Verhältnis mit seiner persönlichen Umgebung stand, daß sie diese zum schärfsten Widerstande reizte. In diesem Kampfe wurde zwar die Hauptidee noch in jungen Jahren zu vollendeter Darstellung gebracht; damit war aber die Produktivität erschöpft und weder persönliche Leistungen als Lehrer, noch sachliche als Entdecker lassen sich weiterhin nachweisen.

Hermann Helmholtz

Hermann Helmholtz wurde 1821 als Sohn eines Gymnasialprofessors in Potsdam geboren. Er war ein kränkliches und nachdenkliches Kind mit einer frühzeitigen Begabung für die Mathematik und einer Neigung für die Naturwissenschaften, dessen besondere Befähigung schon früh die Aufmerksamkeit seiner Umgebung erregte. In der Schule hatte er nur teilweise gute Leistungen aufzuweisen. Um seiner Neigung für die Naturwissenschaften nachgehen zu können, entschloß er sich, die Laufbahn eines Militärarztes zu wählen, die ihm an der Universität Berlin freies Studium gewährte. Hier erwarb er sich den Doktorgrad mit einer Arbeit aus der mikroskopischen Anatomie, lieferte dann wichtige experimentelle Untersuchungen zur Theorie der Gärung und Fäulnis und beteiligte sich mit einer Anzahl gleichaltriger und gleichstrebender Fachgenossen an der Bildung der Physikalischen Gesellschaft. Weitere Arbeiten über die Wärmeentwicklung bei der Muskelaktion brachten ihn auf die allgemeine Frage der tierischen Wärme und damit, ähnlich wie Mayer, auf die Frage nach den Beziehungen zwischen Nahrung, Wärmeentwicklung und Arbeitsleistung im tierischen Organismus. Die Ergebnisse seines Nachdenkens legte er in einer Schrift „Über die Erhaltung der Kraft" nieder, welcher das gleiche Schicksal widerfuhr, wie Mayers Schrift: sie wurde von Poggendorff abgelehnt. Doch fand er alsbald in dem Mathematiker Jakobi einen verständnisvollen Förderer, den seine Untersuchungen über die Prinzipien der Mechanik zur Aufnahme des allgemeinen Gedankens vorbereitet hatten. Seine experimentellen Arbeiten, die er unter den Augen von J. Müller und G. Magnus, den führenden Männern ihrer Fächer in Deutschland, ausgeführt hatte, verschafften ihm frühzeitig berufliche Anstellungen, zuerst in Berlin, dann folgeweise in Königsberg, Bonn, Heidelberg und wieder Berlin, und ein ununterbrochener Strom weiterer Entdeckungen und Erfindungen, der bis zu seinem Tode angedauert hat, ließ ihn zu den höchsten Stellen und Ehren gelangen, die einem Gelehrten zugänglich sind. Er starb 1894 infolge eines großen Blutverlustes, den er sich einige Monate vorher auf der Fahrt von Amerika nach Deutschland durch einen Sturz auf der Schiffstreppe zugezogen hatte.

Vertieft man sich in seine persönlichen Erlebnisse (was durch eine ausführliche Biographie von Königsberger sehr erleichtert ist), so hat man das Bild eines Mannes, dem das Schicksal immer freundlich gewesen ist. Frühzeitig zur Anerkennung gelangt, hat er nach seiner eigenen Erklärung mit seiner amtlichen Beschäftigung immer gerade zu der Zeit wechseln dürfen, wo ihn seine innere Entwicklung zu einem solchen Wechsel gedrängt hat. So ermöglichte ihm die Berufung nach Heidelberg, die lästig gewordene Anatomie aufzugeben, die Berufung nach Berlin enthob ihn der Physiologie zu einer Zeit, wo er sie nach der Seite seiner besonderen Begabung erschöpft zu haben glaubte, und die Berufung zum Präsidenten der physikalisch-technischen Reichsanstalt in der zweiten Hälfte seiner Berliner Wirksamkeit enthob ihn der lästig gewordenen Vorlesungspflicht. Wie man sieht, lassen sich trotz der großen Ähnlichkeit in den anfänglichen äußeren Umständen kaum zwei entgegengesetztere Lebensschicksale denken, als die dieser beiden großen Entdecker. Und diese Gegensätze sind ebenso innerlich wie äußerlich vorhanden. Innerlich kontrastiert insbesondere die große Mannigfaltigkeit von Helmholtz' Entdeckungen mit der Beschränkung von Mayers Produktivität auf einen einzigen Punkt, die Harmonie in Helmholtz' Leben und der tragische Kampf Mayers mit dem seinigen.

Justus Liebig

Als drittes Beispiel eines großen Entdeckers betrachten wir Justus Liebig. Dieser wurde 1803 in Darmstadt als Sohn eines Drogisten und Materialwarenhändlers geboren und fand früh Gelegenheit, durch Handreichung bei den präparativen Arbeiten seines Vaters sich chemische Anschauungen anzueignen. Gleichzeitig benutzte er die Gelegenheit, alle chemischen Bücher zu studieren, die ihm aus der Großherzoglichen Bibliothek zugänglich waren. Auf dem Gymnasium war er die Verzweiflung seiner Lehrer; er verließ es daher vorzeitig und trat zu einem Apotheker in die Lehre, um bei diesem seiner Leidenschaft nach chemischen Experimenten sich hingeben zu können. Da er diese im regelmäßigen Dienste noch nicht befriedigt fühlte, experimentierte er auf eigene Hand in der Dachkammer, die er als Lehrling bewohnte und machte durch eine Explosion von Knallquecksilber, das er sich hergestellt hatte, seiner Lehrzeit ein frühzeitiges Ende. Wieder heimgekehrt, erlangte er von seinem Vater die Erlaubnis, die Universität Bonn zu beziehen, auf der er indessen nicht die Belehrung fand, die er suchte, denn das gesamte Universitätsinteresse war damals den philologischen und historischen Wissenschaften zugewendet. Indessen ergab sich doch mit dem Professor der Chemie Kastner ein so nahes Verhältnis, daß Liebig diesem nach Erlangen folgte, wohin Kastner berufen war, um dort mit ihm die versprochenen Mineralanalysen auszuführen. Es kam indessen nicht dazu, da Kastner nicht genug davon verstand.

Liebig mußte nach erhaltenem Doktorgrad unbefriedigt wieder heimkehren, denn was er suchte, hatte er nicht gefunden. Durch die Macht seiner jugendlichen Begeisterung wußte der siebzehnjährige Jüngling führende Männer seiner Vaterstadt zu gewinnen, so daß sie ihm seitens des Großherzogs die Mittel verschafften, die ihm sein Vater nicht gewähren konnte, um in Paris zu studieren. Dort hörte Liebig mit dem größten Interesse die Vorlesungen der führenden Männer der damaligen Naturwissenschaft, doch gelang es ihm nicht, in persönlichen Verkehr mit ihnen zu kommen. Durch einen Zufall lernte Alexander von .Humboldt ihn kennen; auch er wurde durch die Persönlichkeit Liebigs alsbald gewonnen, und auf seine Verwendung nahm ihn Gay-Lussac in sein Privatlaboratorium auf. Das Knallquecksilber, welches bereits eine so große Rolle in Liebigs Leben gespielt hatte, war auch hier der Vermittler; bei einem Vortrage darüber hatte Humboldt Liebig zuerst gesehen, und auf Knallquecksilber bezog sich auch die gemeinsame Arbeit mit Gay-Lussac, bei deren Verlauf der Lehrer gelegentlich vor Entzücken über die Resultate mit seinem Schüler um den Laboratoriumstisch tanzte, an den Füßen die Holzpantoffeln, welche die Beschaffenheit des Laboratoriums notwendig machte.

Heimgekehrt, bewarb sich Liebig um ein Extraordinariat bei der heimischen Universität. Da er weder sein Abiturientenexamen gemacht, noch an der Landesuniversität promoviert hatte und zudem erst einundzwanzig Jahre alt war, wurden ihm die größten Schwierigkeiten gemacht, die indessen wiederum durch Humboldts Fürsprache überwunden wurden. Der Erfolg des jungen Dozenten war so außerordentlich, daß, als nach Jahresfrist die beiden ordentlichen Professoren starben, die in Gießen Chemie vortrugen, die Universitätsversammlung mit allen Stimmen gegen die des Professors des Hebräischen seine Ernennung zum Ordinarius beantragte, die auch nach kurzer Zeit erfolgte.

In Gießen war Liebig dann 29 Jahre lang Professor, indem er als Lehrer von ganz außerordentlicher Wirksamkeit Schüler aus allen Teilen der kultivierten Welt an sich heranzog und sie mit dauernder Liebe und Arbeitslust für die Wissenschaft erfüllte. Er ist der erste Naturforscher, der eine Unterrichtsstätte der Forschung gründete, die allen zugänglich war, welche die erforderliche Arbeitsfreudigkeit mitbrachten. Indem er unter täglicher Beratung seine Schüler möglichst zur Entwicklung ihrer eigenen Fähigkeiten und Interessen anleitete, indem er so dafür sorgte, daß ein jeder seiner Schüler gerade solche Arbeit tat, die er am liebsten mochte, und seinen Lehrberuf darin sah, einen jeden zu lehren, diese seine Lieblingsarbeit so gut wie möglich auszuführen, erzielte er es nicht nur, daß er eine ganz ungewöhnliche Zahl von hervorragenden Chemikern ausbildete, sondern auch, daß alle seine Schüler an ihre Studienzeit als an einen Höhepunkt ihres Lebens zurückdachten. Daneben hat er als Forscher wie Schriftsteller eine erstaunlich umfassende Tätigkeit entfaltet, so daß ein Meister der Arbeit, wie Berzelius, ihm schrieb, daß er nicht begreifen könne, wie Liebig in so kurzer Zeit so viel habe leisten können.

Allerdings fühlte sich Liebig von dieser Arbeit schließlich so erschöpft, daß er in verhältnismäßig frühem Lebensalter – er war eben fünfzig Jahre geworden – eine Berufung nach München unter der Bedingung annahm, daß er nichts mehr mit dem Laboratoriumsunterricht zu tun haben solle. In München hat er dann noch Vorlesungen gehalten und seine literarische Tätigkeit fortgesetzt. Gleichzeitig hat er sich mit praktischen Aufgaben befaßt; das Liebigsche Fleischextrakt ist eines der Ergebnisse dieser Tätigkeit. Ebenso wie die Lehrarbeit hat er auch die experimentelle Forschungsarbeit aufgegeben. An ihre Stelle war eine sehr ausgedehnte Tätigkeit zur Einführung der gewonnenen wissenschaftlichen Erkenntnisse in den Ackerbau und die Physiologie getreten. So hat er noch zwanzig an Ehren reiche Lebensjahre zugebracht und ist im Alter von siebzig Jahren 1873 gestorben.

Über sein persönliches Leben erfahren wir sehr viel aus seinem Briefwechsel mit dem Freunde seiner Mannes- und Greisenjahre, Friedrich Wöhler. Er ist stets ein leidenschaftlich empfindender und schnell zugreifender Mensch gewesen. Während seiner Gießener Zeit bestand seine Existenz wesentlich darin, daß er seine Gesundheit durch die übermäßige Arbeit des Semesters herunterbrachte, sie während der Ferien notdürftig wieder gewann, um sie im nächsten Semester von neuem zu gefährden. Die vielfachen und mit großer Heftigkeit geführten literarischen Feldzüge mit Gegnern aller Art, an denen es bei seiner energisch und rücksichtslos vordringenden Weise nicht fehlte, wirkten gleichfalls schädigend auf seine Gesundheit und Stimmung, so daß diese vielfach trübe, allerdings auch mit großen Schwankungen nach der positiven Seite, erscheint. Jedenfalls haben die frühen und großen Erfolge seiner äußeren und inneren Entwicklung keineswegs eine vorwiegend sonnige Stimmung hervorgebracht, obwohl er nicht unempfindlich auch gegen die äußeren Seiten dieser Erfolge war. Seinem Freunde Wöhler gegenüber, der bis in sein hohes Alter mit Freude und Erfolg am Experimentiertisch tätig war, beklagt er im späteren Leben oft und lebhaft die eigene Abwendung von dieser glückbringenden Beschäftigung und verflucht das Gefesseltsein an den Schreibtisch. Doch lassen die gleichzeitigen Mitteilungen erkennen, daß er in der Münchener Periode bereits nicht mehr die physische und intellektuelle Ausdauer für die Durchführung experimenteller Arbeiten besaß und in Wirklichkeit doch gerade das trieb, was ihm am meisten am Herzen lag, da er es am besten ausführen konnte.

Rückblick

Vergegenwärtigen wir uns nun diese drei Fälle, so ist der erste Eindruck der einer unbegrenzten Mannigfaltigkeit. Wir haben einerseits einen Forscher, der nur einen einzigen Gedanken hat, und dem es nicht gelingt, die Aufmerksamkeit der Mitwelt auf seine Ergebnisse zu lenken; erst dadurch, daß der gleiche Gedanke später von anderen auf den Markt gebracht wird, kommt dieser, und kommt schließlich auch der Forscher zur Geltung. Andererseits sehen wir einen zweiten eine Entdeckung nach der anderen der Welt vorlegen; seine Wirksamkeit bleibt aber rein sachlich, indem er zwar im Lehramt steht, aber durchaus keine Schule bildet und keine jüngeren Mitarbeiter zu ähnlicher Tätigkeit anregt. Endlich lernen wir einen dritten Forscher kennen, der mit überaus reichlicher eigener Produktion einen mindestens ebenso erheblichen Einfluß auf seine Schüler verbindet und durch Anregung und Förderung anderer Persönlichkeiten noch mehr für die Entwicklung seiner Wissenschaft getan hat, als durch die Ausführung seiner eigenen Arbeiten.

Ebensolche Unterschiede, wie sie eben bezüglich der Beeinflussung der Zeitgenossen hervorgetreten sind, zeigen sich bezüglich der persönlichen Schicksale. Auf der einen Seite die fast vollständige Vernichtung des Lebensglückes, auf der anderen ein mit würdevollem Behagen genossenes, gleichförmig erfolgreiches Leben, auf der dritten ein stürmischer Lebenslauf, zusammengesetzt aus ungewöhnlichen Erfolgen und heftigstem Widerspruch, dessen Leistungen sich in eine verhältnismäßig kurze Zeit zusammendrängen.

Und so ließen sich noch mancherlei Gegensätze hervorheben, denn die Fälle wurden gerade im Hinblick auf größtmögliche Unterschiede innerhalb eines engen Kreises gewählt. Das Gemeinsame, das wir suchen, wird sich ergeben, wenn wir allgemeine Fragen stellen und umfassende Gesichtspunkte wählen. Zu solchen wollen wir nun übergehen.

Der geborene Forscher

Stellen wir uns zunächst die Frage: ist das Forschungsgenie angeboren oder wird es entwickelt? so kann man antworten: beides. Es ist angeboren, aber muß entwickelt werden. Das heißt mit anderen Worten: man kann nicht aus jedem beliebigen Kinde einen Forscher entwickeln, aber man muß auch zugeben, daß nicht jedes Kind, welches einen Forscher abgeben könnte, auch hierzu entwickelt wird.

Die angeborene Beschaffenheit des künftigen Forschers geht bereits daraus hervor, daß ein solcher fast immer eine größere Anzahl von Geschwistern besitzt, die unter nahezu gleichen Bedingungen wie er selbst erwachsen sind und die daher die gleichen Entwicklungsmöglichkeiten hatten, ohne daß eine entsprechende Entwicklung eingetreten wäre. Es handelt sich demnach um besondere physiologische Bedingungen, die selbst bei Kindern der gleichen Eltern sich nur ausnahmsweise zusammenfinden, und deren Vorhandensein die Grundlage für die Entwicklung eines Forschergeistes ergibt. Man wird wohl der Wahrheit nahe kommen, wenn man in erster Linie eine besonders günstige Entwicklung des Gehirns annimmt. Denn der Fall ist nicht selten, daß hervorragende geistige Begabung mit mäßiger, selbst dürftiger Entwicklung des gesamten Körpers zusammentrifft. So ist insbesondere Helmholtz als Kind sehr schwächlich gewesen und hat zur vorgeschriebenen Zeit die Elementarschule nicht besuchen können. Welcher Art diese physiologischen Bedingungen sind, läßt sich heute anscheinend noch durchaus nicht bestimmter angeben. Insbesondere handelt es sich hier jedenfalls nicht um unmittelbare Vererbung. Denn die Väter und Mütter der künftigen großen Männer ragen gewöhnlich nicht erheblich über ihre Umgebung hervor, und die Kinder der geistigen Heroen fallen ebenso regelmäßig, d. h. mit sehr geringen Ausnahmen, wieder in den mittleren Stand der Begabung zurück. Man wird sich also die hier vorliegenden Bedingungen wohl am besten derart vorstellen, daß eine Anzahl voneinander unabhängiger Faktoren gleichzeitig besondere Werte annehmen müssen, damit der ausgezeichnete Intellekt entstehen kann.

Somit wird man in jeder Schule oder sonstigen Gruppe von Kindern die Möglichkeit annehmen dürfen, daß das eine oder andere Exemplar die Vorbedingungen zu außergewöhnlicher Entwicklung in sich enthält, und daß es nur Sache der weiteren Einflüsse ist, ob dieser Keim vertrocknet oder sich zu entsprechender Leistungsfähigkeit entwickelt.

Alle die Fälle, in denen eine spezifische Begabung sich im Widerspruche zu der Umgebung entwickelt, sprechen für die Angeborenheit der Begabung. Mayers spätere Schicksale haben nur zu deutlich gezeigt, wie ungeeignet seine Umgebung für die Entwicklung der besonderen Denkweise gewesen ist, die ihn ausgezeichnet hat, denn von ihr ist der schärfste und schädlichste Widerstand gegen ihn ausgegangen, und dieser ist auch noch nicht aufgegeben worden, nachdem auswärts längst die Anerkennung erreicht war. Ebenso waren die unmittelbaren Beeinflussungen, die Helmholtz erfuhr eher geeignet, ihn von den Naturwissenschaften ab-, als ihnen zuzuwenden. Denn sein Vater, der sich sehr eingehend um die Entwicklung des Sohnes kümmerte, hatte sein reges geistiges Interesse durchaus nach der philologischen und metaphysischen Seite gerichtet und bedauerte so lebhaft die „materialistische" Richtung seines Sohnes, daß dieser schließlich vermied, ihm von seinen Arbeiten vor ihrer Vollendung überhaupt Mitteilung zu machen. Und endlich Liebig hat selbst berichtet, wie ihn sein Lehrer nach einem besonders eklatanten philologischen Mißerfolge hoffnungslos ironisch gefragt hat, was denn eigentlich aus ihm werden solle, und auf seine Antwort: ein Chemiker, die ganze Klasse mit dem Lehrer an der Spitze in ein Hohngelächter ausgebrochen ist.

Das Geschlecht

Es ist vielleicht auch hier der Ort, auf die Frage einzugehen, wie es mit dem Einfluß des Geschlechtes auf die wissenschaftliche oder Erfinderbegabung steht. Zunächst liegt unzweifelhaft die Tatsache vor, daß die schöpferisch veranlagten Köpfe sich so gut wie ausschließlich beim männlichen Geschlechte finden. Unter der nicht großen Zahl weiblicher Gelehrten gibt es kaum eine, bei der eine ausgesprochene schöpferische Begabung vorhanden wäre. Neue Wege in der Wissenschaft oder Technik sind fast nur von Männern entdeckt und gegangen worden; weibliche Hände haben hernach zuweilen die Arbeit des Ausgleichens, Glättens, Fertigmachens unternommen, aber darüber sind sie meist nicht hinausgegangen.

Man findet gelegentlich gegen diese unzweifelhafte Tatsache geltend gemacht, daß die Frauen niemals Gelegenheit zu wissenschaftlicher Entwicklung gehabt hätten, doch ist dieser Einwand vor der Geschichte nicht zu halten. Zu allen Zeiten hat es einzelne Frauen gegeben, welche sich an der wissenschaftlichen Männerarbeit beteiligt haben, und die Männer haben sie nicht verhindert, so viel zu tun, als sie wollten und konnten. Wenn also auch in der gesellschaftlichen Stellung der Frau niemals ein besonders nachdrücklich wirksamer Faktor sie der Wissenschaft zugetrieben hat, so beweisen die in allen Zeiten vorkommenden wissenschaftlichen Frauen doch, daß auch keine unüberwindlichen Widerstände dagegen wirksam gewesen sind. Als vor etwa zehn Jahren unter lebhafter Beteiligung der öffentlichen Meinung die deutschen Universitäten den Frauen zugänglich gemacht wurden, hätte man gemäß den früher geschilderten Verhältnissen eine besonders reiche Produktion weiblicher Wissenschaft erwarten können. Doch ist eine solche keineswegs eingetreten; vielmehr habe ich den Eindruck, als wenn die gegenwärtigen Leistungen für die weiblichen Autoren sogar einen kleineren Bruchteil ergäben, als aus dem Zahlenverhältnis beider Geschlechter unter den Studierenden folgen müßte.

Der andere Einwand, daß durch die seit Jahrtausenden stattgehabte Auslese bei den Frauen die Organe wissenschaftlicher Arbeit zurückgebildet seien und daß eine entsprechende Änderung daher erst nach mehreren Generationen merkbar werden könnte, ist seiner eigenen Beschaffenheit nach unwiderlegbar, weil er noch keinem Beweise für oder wider unterworfen werden kann, bevor diese Generationen vergangen sind. Er setzt aber die Annahme ausdrücklich voraus, daß jener Mangel an wissenschaftlicher Begabung jedenfalls zurzeit als Geschlechtscharakter vorhanden ist, sei dieser nun erworben (wie behauptet) oder ursprünglich vorhanden gewesen, und ich weiß nicht, ob dieser Schluß im Sinne derjenigen liegt, welche den Einwand geltend machen.

Im Zusammenhange hiermit ist zu erwägen, daß die wissenschaftliche Arbeit überhaupt ein sehr spätes Produkt der menschlichen Entwicklung ist, das erst den letzten Jahrtausenden angehört. Es handelt sich also in jedem Falle um eine erworbene Eigenschaft, die bei den Forschern in besonders hohem Grade entwickelt ist. Es würde dann die Auffassung nahe liegen, daß bei der Erwerbung der neuen Eigenschaft die männliche Hälfte der Menschheit sich so vorwiegend beteiligt hat, daß diese zu einem Geschlechtscharakter für diese geworden ist.

Meine persönlichen Erfahrungen an Einzelfällen sprechen dafür, daß auch bei vollkommener Freiheit in der Betätigung der Anlagen und Interessen weibliche Kinder den abstrakten Wissenschaften keine Freude abgewinnen, selbst wenn sie an ihren Brüdern die Betätigung solcher Interessen unmittelbar beachten können. Auch in der heutigen Romanliteratur, in welcher die sich männlichen Berufen zuwendende Jungfrau eine ausgedehnte Rolle spielt, wird von den Autorinnen (aus naheliegenden Gründen können hier nur weibliche Autoren ein sachgemäßes Zeugnis abgeben) mit großer Regelmäßigkeit irgendein äußerer Grund für die Aufnahme wissenschaftlicher Arbeit geltend gemacht, und nie die unmittelbare Begeisterung für diese Art der geistigen Betätigung. Auch diese Beobachtung unterstützt die Annahme, daß die Neigung und Fähigkeit zu abstrakter Geistesarbeit so vorwiegend bei den Männern anzutreffen ist, daß sie tatsächlich als (ursprünglicher oder erworbener) Geschlechtscharakter anzusehen ist.

Die Umwelt

Einen überaus wichtigen Faktor für die Entwicklung des Forschers bildet die Umgebung, in der er aufwächst. Zum Zwecke des Nachweises der angeborenen Beschaffenheit ist vorher auf einzelne Fälle hingewiesen worden, in denen trotz ungünstiger Umgebung sich eine derartige Natur doch bestätigt hat. Doch besteht kein Zweifel, daß nicht jede Begabung derartige Widerstände überwindet, und noch weniger ist es zweifelhaft, daß Widerstände von erheblicher und dauernder Beschaffenheit die Entwicklung schädigen, ja ganz unterdrücken können.

Denn wie jedes biologische Gebilde ist auch der Forscher einer Kette vergleichbar, die aus einer ganzen Anzahl Glieder besteht, und die nur so viel tragen kann, wie das schwächste Glied. Wie in einem algebraischen Produkt der Wert alsbald Null wird, so einer der Faktoren Null ist, so gibt es auch bei vielen zusammengesetzten Gebilden eine Anzahl von maßgebenden Umständen mit dem gleichen Faktorencharakter. Ohne Magen, Herz, Lunge kann kein Warmblüter bestehen, und ebenso gibt es für die geistige Ausrüstung des Forschers eine Anzahl notwendiger Faktoren, von denen jeder einzelne einen großen Wert haben muß, damit ein wirksames Resultat zustande kommt. Unter diesen Faktoren sind mehrere, die von der Umgebung abhängig sind, in der der künftige Forscher aufwächst.

Stellen wir die Eltern der hervorragenden Männer auf dem Gebiete der wissenschaftlichen Entdeckung zusammen, so finden wir sie in ganz überwiegender Mehrzahl aus dem mittleren Bürgerstande stammend. Es sind einerseits Eltern niedrigen Standes sehr viel seltener, als nach der Gesamtzahl der Bevölkerung zu erwarten wäre, anderseits aber findet sich die gleiche Seltenheit bei den Angehörigen der mit Namensprädikaten ausgestatteten Familien. Bereits das einfache „von" vor dem Namen ist in den Verzeichnissen der Angehörigen wissenschaftlicher Körperschaften eine große Seltenheit; die „höheren" Namen lassen sich selbst während langer Zeiträume und bei Ausdehnung der Untersuchung auf alle Kulturnationen nur ganz sporadisch antreffen.

Es liegt also anscheinend ein Faktor vor, welcher die

Entwicklung des Forschertums in solchen Familien erheblich beeinträchtigt, ja fast verhindert. Man ist zunächst versucht, an rein statistische Verhältnisse zu denken, denen zufolge die Anzahl solcher Familien sehr klein ist, verglichen mit der des mittleren Bürgerstandes. Aber dies wird zu einem großen Teil dadurch ausgeglichen, daß jene Familien fast ohne Ausnahme pekuniär so gestellt sind, daß sie ihren Söhnen eine genügende Schulbildung gewähren können, und daß ein gewisses Maß solcher Bildung auch als standesgemäß angesehen wird. Da diese Bildung zweifellos eine wichtige Voraussetzung für die Entwicklung des Forschers ist, im mittleren Bürgerstande aber nicht immer erreicht werden kann, so liegt damit ein großer Vorteil für die Kinder aus Familien höheren Standes vor.

Ich bin geneigt, diesen auffallenden Mangel in dem Vorkommen der Forschernaturen ganz und gar in dem Einflüsse der Umgebung zu suchen, in welcher wissenschaftliche Ideale nicht, oder erst in jüngster Zeit, zur Bewertung gekommen sind. Die hier vorhandenen Intelligenzen werden so ausschließlich für den diplomatischen und Militärdienst in Anspruch genommen, soweit nicht die Vermögensverwaltung andere Beschäftigungen ausschließt, daß keine Gelegenheit besteht, sich rein wissenschaftlicher Lebensziele überhaupt bewußt zu werden. Auch in unserer Zeit, in welcher die letzteren sich in ihrer sozialen Bedeutung mehr und mehr zur Geltung bringen, handelt es sich immer noch um die Überwindung von Instinkten, die durch lange Generationen angezüchtet sind und erst allmählich verschwinden können.

Daß eine Umgebung niedriger Bildungsstufe gleichfalls für die Entwicklung der Forschernatur sehr ungünstig ist, braucht nicht erst begründet zu werden. Es handelt sich ja ganz und gar um intellektuelle Leistungen und solche beanspruchen eine hinreichend frühzeitige Ausbildung, wenn sie zu der Höhe anwachsen sollen, die hier in Betracht kommt. Ganz vereinzelt finden wir allerdings Beispiele, daß auch aus solchen Kreisen ein Forscher entsteht. Hier aber liegt die Statistik so, daß es sich um sehr breite Volksschichten handelt, die demgemäß eine verhältnismäßig große Anzahl von Forschern liefern müßten, wenn die eben erwähnten Nachteile nicht beständen, welche die vorhandenen Begabungen nicht zur Entwicklung gelangen lassen.

So finden wir, daß beispielsweise die drei oben genannten Männer sämtlich in einer Umgebung aufgewachsen sind, die ihnen die Erwerbung einer höheren Bildung nicht besonders erschwert hat. Daß sie, wenn auch in Abstufungen, schlechte Schüler gewesen sind, ist gleichfalls eine recht häufige Gruppenerscheinung, doch werden wir erst später hierauf eingehen können.

Meine persönlichen Erfahrungen haben mir die gleichen Resultate ergeben. Insbesondere habe ich mehrfach Gelegenheit gehabt, junge Männer zu beobachten, die nach schwieriger und ärmlicher Jugend in etwas späteren Jahren zu der Möglichkeit wissenschaftlicher Arbeit gekommen sind und sich mit der ganzen Begeisterung der endlich erfüllten Sehnsucht in diese gestürzt haben. Entgegen der populären Meinung (die damals auch die meine war), fand ich nicht, daß diese mit intensivstem Streben ausgestatteten Menschen die Hoffnungen erfüllten, die sie selbst und andere auf ihre wissenschaftlichen Leistungen gesetzt hatten. Ich mußte mich überzeugen, daß die Überwindung der Jugendbeschwerden den Organismus insgemein bereits so sehr beansprucht hatte, daß für spätere bedeutende Leistungen nicht genug mehr übrig geblieben war. Für technische Leistungen war meist noch genug vorhanden, so daß diese den Durchschnitt sichtlich übertrafen. Aber die äußerste Zusammenfassung der Energien, die für hervorragende wissenschaftliche Leistungen erforderlich ist, war anscheinend nicht mehr ausführbar.

Die sonst so bekannten Geschichten von den Männern, die aus den untersten Volksschichten sich zu Ehre und Ansehen heraufgearbeitet haben, treffen somit am wenigsten bei wissenschaftlichen Entdeckern zu. Viel mehr solche Persönlichkeiten finden sich bei den Erfindern, und noch mehr bei den erfolgreichen Industriellen und Kaufleuten. Von den Männern, deren Persönlichkeit der Gegenwart etwas näher bekannt ist, sei beispielsweise der amerikanische Erfinder Edison genannt. Es ist sehr bemerkenswert, daß dieser Mann, der vielleicht mehr experimentiert hat, als ein anderer lebender Mensch, dennoch niemals eine eigentliche wissenschaftliche Entdeckung gemacht hat. Er hat zweifellos unzählige neue Dinge gesehen, welche einen minderen, aber an wissenschaftliches Denken gewöhnten Mann alsbald zu einer Entdeckung geführt hätten, doch haben ihn solche Dinge, deren praktische Anwendung er nicht vor sich sah, nicht interessiert und er hat ihnen deshalb keine Aufmerksamkeit geschenkt. Sehen wir uns nach seinen persönlichen Schicksalen in seinen Kinderjahren um, so erfahren wir, daß er fast ohne jede Bildung aufgewachsen war, sein Brot zunächst in sehr frühem Alter als Zeitungsjunge erworben hat, aber sich mit größter Energie darauf geworfen hat, die Art der Bildung, welche eine amerikanische Zeitung voraussetzt und vermittelt, neben technischer Geschicklichkeit sich anzueignen. So hat er später die Zeitung, die er auf der Eisenbahn verkaufte, selbst hergestellt, d. h. sowohl verfaßt wie gedruckt. In diesem Gedankenkreise ist der Begriff der wissenschaftlichen Arbeit, d. h. des unmittelbar auf die Aufklärung des Unbekannten gerichteten Interesses nicht vorhanden, und später hat er ihn sich auch nicht erworben. In den Fällen Liebig, Mayer und Helmholtz ist diese Voraussetzung wissenschaftlicher Arbeit auch bereits in den Jugendeindrücken gegeben gewesen. Fast der einzige Fall aus neuerer Zeit, in welchem mir die Abstammung eines großen Entdeckers aus nahezu völlig ungebildeter Umgebung bekannt ist, liegt bei Faraday vor, dessen Vater ein armer Grobschmied war. Hier sind aber ziemlich frühzeitige wissenschaftliche Eindrücke vorhanden, einerseits durch die vielfache Berührung mit Büchern, die er als Buchbinderlehrling bereits im Knabenalter hatte, andererseits durch den glücklichen Zufall, der ihn die Vorlesungen von Humphrey Davy in der Royal Institution hören ließ. Die große Freiheit dieses Forschers von den wissenschaftlichen Vorurteilen seiner Zeit rührt von seiner verhältnismäßig geringen Kenntnis der traditionellen Physik her.

Die Erziehung

Wenden wir uns nun zu den Bedingungen der Erziehung und des Unterrichtes, so finden wir, daß eine unmittelbar auf die Erzeugung eines großen Mannes gerichtete Erziehung, wie sie nicht selten von intellektuellen Eltern versucht wird, beinahe mit Sicherheit fehlschlägt; meist sind es sehr unglückliche Menschen, die durch solche Experimente hervorgebracht werden. Dies rührt natürlich daher, daß die Objekte derartiger Unternehmungen nicht die erforderliche angeborene Beschaffenheit gehabt haben; denn wenn sie sie zufällig gehabt haben sollten, so würden sie sich auf das entschiedendste gegen ihre Erziehung zur Wehr gesetzt haben. Erinnern wir uns nämlich des Gegensatzes, in welchem sich die meisten großen Männer in ihren Knabenjahren zu ihren Unterrichtsanstalten befunden haben, so scheint ein auffallender Widerspruch zu bestehen zwischen der vorher betonten und bezeugten Notwendigkeit einer passenden Ausbildung im jugendlichen Alter und dieser instinktiven Ablehnung der angebotenen Erziehung, welche wir tatsächlich bei den großen Männern beobachten.

Die Auflösung dieses Widerspruches ist bereits früher angedeutet worden; sie liegt darin, daß die Beschaffenheit des Unterrichts den Gegensatz hervorruft. Liebig pflegte im Gymnasium, soweit er es besucht hat, den letzten oder vorletzten Platz einzunehmen, und Mayer hatte seinerseits das gleiche Schicksal. Helmholtz hat später gestanden, daß er während der Lateinstunden heimlich selbstgestellte Aufgaben aus der geometrischen Optik zu lösen pflegte, wenn auch bei ihm die im väterlichen Oberlehrerhause herrschende Pflichtstimmung größere Konflikte mit der Schule verhütet hat, die ohnedies nicht in seinem Charakter lagen.

Dagegen finden wir, daß in diesem Alter die größte Bereitwilligkeit besteht, beliebig viel Arbeit zu tun, die mit den vorhandenen Interessen übereinstimmt. Liebig schildert, daß er, als die persönliche Bekanntschaft mit dem Darmstädter Hofbibliothekar ihm den Zutritt zu den Büchern ermöglichte, wahllos alles Chemische verschlungen hat, und ebenso beschreibt Mayer sein Leben auf dem Schiff als mit Studien ausgefüllt. Faraday las die ihm zum Binden übergebenen Bücher vorher durch. Und so ist der glühende Wunsch, sich über die geliebten Wissensgebiete zu belehren, selbst unter den ungünstigsten äußeren Bedingungen, ein ganz allgemeines Kennzeichen der Forscherbegabung.

Man kann nicht sagen, daß der gebräuchliche Unterricht in den deutschen Schulen diesem Wunsch entgegenkommt.

Dies liegt daran, daß sowohl in der Elementar-, wie in der Mittelschule ein sehr erheblicher, zuweilen selbst der größere Teil der Zeit durch Gegenstände in Anspruch genommen wird, die dem werdenden Forschergeiste nur als Hinderung erscheinen. In der Elementarschule ist es die Überflutung des Unterrichts mit religiösem Memorierstoff; in der Mittelschule ist es eine noch ärgere Überflutung mit Sprachstoff. Beide sind Überreste einer mittelalterlichen Anschauung, wenn auch auf etwas verschiedenen Gebieten. Denn die religiöse Anschauungswelt besitzt für den heutigen Menschen bei weitem nicht mehr dieselbe innere Bedeutung, wie im Mittelalter, wo sie das gesamte geistige Leben beherrschte und ausfüllte. Es kann nicht davon die Rede sein, diesen Zustand wieder herzustellen; dazu ist unser geistiger Inhalt, auch der der sogenannten niederen Stände, viel zu reich und mannigfaltig geworden. Im Gegenteil, der zunehmende Anteil, den der Einzelne an der Verwaltung seines Vaterlandes und seines Gemeinwesens nimmt, drängt sein Interesse unwiderstehlich mehr und mehr auf die weltlichen Angelegenheiten. Die gleichzeitig zunehmende geistige Selbständigkeit widersetzt sich naturgemäß der Annahme bindender Vorschriften für das Innenleben, und so ist die Forderung, den Religionsunterricht aus dem staatlich vorgeschriebenen und verabreichten Bildungsmaterial der Volksschule auszuschalten, durch die Natur der Dinge auf die Dauer unabweislich und unwiderstehlich. Das Bedürfnis, „dem Volke die Religion zu erhalten", fühlen vornehmlich solche, die für ihre eigene Person die Religion längst verloren haben. Daß ein sehr lebhaftes religiöses Leben bei vollständiger Ausscheidung des Religionsunterrichtes aus der Schule bestehen kann, zeigen die Verhältnisse in den östlichen Staaten Nordamerikas, wo die überkommene puritanische Gesinnung sich durch eine Reihe von Generationen erhalten hat, ohne des Hilfsmittels des staatlichen Religionsunterrichtes zu bedürfen. Daß aber ein dogmatischer Unterricht irgendwelcher Art der Entwicklung des Forschergeistes schädlich sein muß, ergibt sich aus der Analyse der psychologischen Bedingungen und Eigenschaften eines solchen Geistes. Er ist dadurch gekennzeichnet, daß er neue Wege geht und sie anderen eröffnet. Dies hat zur ganz notwendigen Voraussetzung, daß der Forscher keinen

Respekt vor betretenen Wegen, d. h. vor überkommenen Anschauungen hat, sondern vielmehr eine jede gewohnheitsmäßig oder instinktiv daraufhin prüft, ob sie richtig sein kann. Neben dieser kritischen Stimmung dem Vorhandenen gegenüber ist ebenso notwendig eine leidenschaftliche Neigung für das Unbetretene, das Unversuchte, das Ungedachte. Kinder und junge Tiere zeigen die gleiche Neigung, alles zu erforschen und in alles ihre Nase hineinzustecken. Insofern ist die Grundveranlagung für den Forscher sehr allgemein vorhanden; sie ist meist nur nicht intensiv genug, um sich als treibender Faktor des Lebens auf die Dauer zu erhalten. Jedenfalls aber wird die Erhaltung dieses Triebes am meisten dadurch gefährdet, daß die geistige Aufnahme ungeprüfter Dinge durch den Unterricht erzwungen wird.

In der Volksschule merkt man im allgemeinen nicht viel von einem Widerstande gegen eine derartige Erziehung. Dies hängt natürlich mit dem zarten Alter des Schülers zusammen, das ihm einen inneren oder äußeren Widerstand gegen den Lehrer gar nicht in den Sinn kommen läßt. Auch pflegt der andere Teil des Unterrichts Ersatz zu leisten, indem er in neuerer Zeit mehr und mehr sachgemäß gehandhabt wird und dem Kinde die Kenntnisse vermittelt, für deren Erlangung es das lebhafteste Bedürfnis fühlt. Wenigstens glaube ich dies als eine merkliche Tendenz der Arbeit an der heutigen Volksschule in Deutschland erkannt zu haben.

Außerordentlich kräftig macht sich dagegen der Widerstand des künftigen Forschers in der Mittelschule geltend, und hier ist es regelmäßig der sprachliche Unterricht, der diesen Widerstand hervorruft. Dies liegt daran, daß dieser Unterricht gleichfalls dogmatisch verfahren muß. Durch eine wunderliche Verkennung der tatsächlichen Verhältnisse ist in Deutschland seit einem Jahrhundert eine völlig religiöse Verehrung der alten Sprachen entstanden, deren Priester es an Unduldsamkeit mit den Pfaffen des Mittelalters aufnehmen. Daß solche Unduldsamkeit eine entsprechende Beschränktheit zur Voraussetzung hat, braucht nur angedeutet zu werden. Sie kennzeichnet sich durch die Unkenntnis und daher Mißachtung der eigentlichen Wissenschaften, unter dem absurden Verwände, daß die Völker des Altertums bereits den Gipfel menschlicher Vollkommenheit erklommen hätten. Von dieser Anbetung der alten Sprachen ist nun die Überschätzung auf alle Sprachen überhaupt übergegangen. Man schreibt ihnen einen besonderen „Bildungswert" zu, dessen Nachweis allerdings noch immer auf sich warten läßt. Oder hat man je gesehen, daß ein Mann, der viele Sprachen beherrscht, sonst hervorragende Leistungen vollbringt? Wäre das der Fall, so müßten die internationalen Hotelportiers und Schlafwagenschaffner, die ein halbes bis ganzes Dutzend Sprachen sprechen, die intellektuelle Blüte der Menschheit darstellen. Der weibliche Geist ist besonders willig, fremde Sprachen aufzunehmen und bis zur Vollkommenheit zu beherrschen. Und vorher haben wir uns ausdrücklich überzeugen müssen, daß dem weiblichen Geiste im allgemeinen die Forscherbegabung durchaus abgeht.

Die eben gemachte Bemerkung wirft auch ein unerwartetes Licht auf den behaupteten logischen Wert des Sprachunterrichtes. Auch dieser muß durchaus in Abrede gestellt werden. Den logischen Wert der Geometrie beispielsweise kann man anerkennen, da in dieser Wissenschaft ordentlich definiert und geschlossen wird und dadurch eine wirkliche Schulung in praktischer Logik sich erzielen läßt, solange der Unterricht nicht in geistlosem Formalismus vertrocknet. Aber bei den Sprachen handelt es sich nur um Anwendungen willkürlicher Regeln, die von ebenso willkürlichen Ausnahmen überall sich durchlöchert erweisen. In den unzähligen Fällen, wo die Logik, d. h. die sachgemäße Anwendung einer eben gelernten Regel, bestimmte Formen verlangen würde, muß sich der Schüler merken, daß diese Form gerade nicht erlaubt ist. Dies ist das Gegenteil von dem, was die Mathematik und die Naturwissenschaften lehren, und ein Schüler, der an den Sprachen erzogen ist, muß die Einstellung seines geistigen Auges von Grund aus verändern, wenn er z. B. physikalische Verhältnisse sich aneignen will.

So ist das Sprachenlernen ein Übel, dessen Notwendigkeit bei weitem übertrieben wird. Es heißt immer, daß nur mit der Kenntnis der Sprache man in den Geist und das Wesen der fremden Völker eindringen kann. Welchen Zweck hat es denn für den Schüler der Mittelschule, in den Geist und das Wesen fremder Völker einzudringen? Seine nächste Aufgabe ist doch, in den Geist und das Wesen seines eigenen Volkes einzudringen, und gerade diese nächste und wichtigste Aufgabe der Schule wird zugunsten jener ganz imaginären Ziele vernachlässigt. Zum Verständnis fremder Völker gehört eine Reife, die man beim Mittelschüler nicht voraussetzen darf, und selbst wenn sie erreicht werden könnte, steht das Ergebnis in irgendeinem verständigen Wertverhältnisse zu dem ungeheuren Aufwande an Zeit und Energie, der darum getrieben wird? Und dies in einer Zeit, wo von allen Seiten dringende Forderungen an die Schule herantreten, die man nur deshalb nicht erfüllen kann, weil das unnütze Sprachenlernen keinen Raum dafür übrig läßt.

Die Sache wird noch sehr viel schlimmer durch die pedantische Art, mit welcher, wieder infolge der altphilologischen Tradition, auch der neusprachige Unterricht betrieben wird. Während Kellner, Kaufmannslehrlinge, Schlafwagenschaffner sich in kürzester Frist die geläufige Beherrschung fremder Sprachen aneignen, verwenden unsere Gymnasiasten viele Jahre darauf mit sehr viel minderem Erfolg. Das Ergebnis ist dann der moderne Jüngling, dem die Freude am Lernen, an der Erweiterung des Anschauungskreises auf Lebenszeit ausgetrieben ist, und der dann bereit ist, das zu studieren, wobei sich am ehesten eine „Karriere" erwarten läßt. Glücklicherweise sind nicht alle so.

Daß es sich bei diesen Darlegungen nicht um ein persönliches Geschmacksurteil, sondern um leider gänzlich reale Verhältnisse handelt, bezeugt eben der regelmäßige Widerstand, den die späteren großen Forscher und Entdecker, den mit anderen Worten die späteren intellektuellen Führer der Menschheit gegen die sprachliche Bedrückung seitens der Schule stets geleistet haben. Sie sind in ihren Jugendjahren durch ihren Heißhunger nach Belehrung über die Dinge, die sie als real empfinden, gekennzeichnet und dadurch leicht von denen zu unterscheiden, die sich nur aus Trägheit den Schulforderungen widersetzen. Denn gerade sie sind es, welche am kräftigsten Widerstand leisten und je nach Umständen mit Ach und Krach durchkommen oder scheitern und hernach als große Männer mit „unregelmäßiger Vorbildung" das Kopfschütteln ihrer alten Sprachlehrer erregen.

Erkennung der künftigen Forscher

Diese Betrachtungen finden eine sehr wichtige Anwendung auf die Frage, wie man künftige große Entdecker oder Erfinder möglichst frühzeitig erkennen kann. Während der Blütezeit meines Unterrichtslaboratoriums, als bereits dessen erste Schüler durch ihre eigenen Leistungen die Aufmerksamkeit der wissenschaftlichen Welt auf sich gezogen hatten, wurde durch Vermittelung eines meiner japanischen Schüler die Anfrage seitens seiner heimischen Unterrichtsverwaltung an mich gerichtet, durch welche Mittel man möglichst frühzeitig die besonders leistungsfähigen Schüler erkennen könne. Dies gab mir Veranlassung, darüber nachzudenken, wie ich selbst dazu gekommen war, aus der Gesamtzahl der meinigen diejenigen ausfindig zu machen, denen ich Besonderes zutraute und die ich daher als Assistenten bei mir oder durch dringende Empfehlungen an andere für die Wissenschaft zu erhalten mich bemühte. Denn der tatsächlich eingetretene Erfolg hatte mich überzeugt, daß es nicht schwer gewesen sein konnte, sie von den anderen zu unterscheiden, und tatsächlich bin ich in den Einzelfällen auch nie lange im Zweifel über die künftige Bedeutung meiner jungen Arbeitsgenossen gewesen. Die nachträgliche Rechenschaft, die ich mir über mein eigenes Verfahren zu geben versuchte, führte zu dem Merkmal, daß die künftigen ausgezeichneten Schüler nie zufrieden mit dem gewesen waren, was ihnen an wissenschaftlicher Belehrung im regelmäßigen Unterrichtsgange verabreicht wurde. Immer hatten sie hernach zu zweifeln oder mindestens zu fragen. Dies war eine notwendige Folge ihrer inneren Mitarbeit. Der mäßig Begabte hat alle Hände voll zu tun, um nur das Übertragene aufzunehmen und leidlich zu assimilieren; für den Hochbegabten ist dies aber nur eine Anregung, um alsbald weiterzugehen und einen Schwimmversuch im tiefen Wasser zu unternehmen. Es ist immer wieder die Fähigkeit und das Bedürfnis nach selbständiger Auffassung und Leistung, was den ausgezeichneten Mann schon in der Jugend kennzeichnet.

Und nun denke man sich einen solchen Geist in der Schule an die regelmäßige Stundenfolge und an einen Lehrinhalt gebunden, der ihm Steine statt Brot, Auswendiglernen und mechanische Regelanwendung statt selbständiger Geistesbetätigung bietet! Man denke sich den Hunger des jungen Geistes mit unbegrenzter Aufnahmefähigkeit nach wirklichem Wissen, und statt dessen soll er Vokabeln lernen! Da gehört schon der ganze Einfluß der häuslichen Erziehung dazu, wenn das Opfer sich damit begnügt, die gebieterisch von seinem Organismus verlangte Geistesnahrung sich heimlich während der Stunde zu verschaffen und sich durch passiven Widerstand gegen das ihm aufgezwungene Stroh zu wehren, wie dies Helmholtz tat. In den meisten Fällen sind härtere Konflikte unvermeidlich. Man darf nicht einwenden, daß dies ja in einem Lebensalter geschieht, in welchem sich die geistige Reife, die zu einem solchen Widerstande führt, noch nicht entwickelt hat. Die Tatsachen lehren ja das Gegenteil, und wir werden alsbald sehen, daß Frühreife gleichfalls ein sehr allgemeines Kennzeichen des späteren großen Mannes ist.

Praktische Anwendungen

Diese Betrachtungen führen zu einer ganzen Reihe von Schlußfolgerungen, auf die an dieser Stelle nur teilweise und andeutend eingegangen werden kann. Sie zeigen zunächst den Weg für die dringend gewordene Schulreform in solchem Sinne, daß der sprachliche Unterricht weitgehend eingeschränkt wird. Wenn man die Stellung dieses Unterrichtes an der Universität, wo er neben Zeichnen, Turnen, Reiten und Fechten am Schlüsse des Lektionskatalogs unter „Sprachen und Künste" seine sachgemäße Wertung findet, mit seiner Rolle in der unmittelbar dem Universitätsstudium vorangehenden Schule vergleicht, so kann man nicht verstehen, daß eben dieser Kontrast nicht schon längst den maßgebenden Männern die Augen geöffnet hat. Ein weiterer Schluß, der sich unabweislich aufdrängt, ist der, daß die Mittelschule um mehrere Jahre zu lange dauert, da sie den Lernzwang noch in einem Lebensalter ausübt, wo er im höchsten Grade schädlich, ja wohl öfter als man ahnt tödlich für die Entwicklung des selbständigen Geistes ist. Wir haben gesehen, daß Liebig mit 16 Jahren auf die Universität, mit $17^{1}/_{2}$ nach Paris ging. Ebenso hat Helmholtz mit $16^{1}/_{2}$ Mayer mit 17 Jahren die Universität bezogen. Das sind Jahre, in denen die Mehrzahl unserer unglücklichen Jungen noch die Schulbank drücken muß. Dieser schwere Übelstand des heutigen Schulwesens, die unbillige Ausdehnung der Gymnasialjahre, hat die öffentliche Meinung noch gar nicht beschäftigt, obwohl durch ihn zwei oder drei der tätigsten Jahre unserer Jugend für ihre individuelle Entwicklung verdorben werden. Warum schließt man nicht sachgemäß den Schulunterricht an der Grenze ab, die bei uns durch die Berechtigung zum Freiwilligendienst naturgemäß gegeben ist? Der Gewinn, welcher hierdurch nach allen Seiten entstehen würde, ist so mannigfaltig, daß ich mir versagen muß, mehr als diese allgemeinen Erwägungen an dieser Stelle zu geben.

Frühreife

In den vorangegangenen Darlegungen ist bereits mehrfach auf einen weiteren Umstand hingewiesen worden, der sich sehr allgemein bei den Großen findet, nämlich ihre Frühreife. Mit großer Übereinstimmung wird uns aus der Geschichte solcher Männer berichtet, daß sie ihre Umgebung durch ihre Leistungen bereits in sehr jungen Jahren in Erstaunen gesetzt haben. Ich bin durchaus geneigt, dies für eine allgemeine und daher auch notwendige, d. h. durch die Umstände bedingte Erscheinung zu halten. Und zwar glaube ich, daß die Frühreife nicht etwa eine sekundäre Folge der schöpferischen Begabung, sondern vielmehr eine primäre Eigenschaft ist, deren Vorhandensein die späteren Leistungen bedingt. Denn wir überzeugen uns weiter, daß die großen Leistungen selbst, welche den Gipfelpunkt der Tätigkeit der Großen darstellen, gleichfalls in sehr frühe Jahre fallen. Von allen den Männern z. B., die sich schöpferisch an der Entwicklung der Energielehre in der Mitte des vorigen Jahrhunderts beteiligt haben: Mayer, Helmholtz, Joule, Clausius, William Thomson, Carnot hatte keiner das 28. Lebensjahr überschritten, als seine maßgebende Arbeit im Drucke erschien. Rechnet man die notwendige Verzögerung der Veröffentlichung davon ab, so erscheint etwa das 25. Lebensjahr als das der höchsten Leistungsfähigkeit. Insbesondere bei denen, die nur einen einzigen Löwen zur Welt gebracht haben, ist dieser stets ein Jugendprodukt. Bei den anderen, die ihre Arbeitsfähigkeit zu bewahren vermocht haben, liegen die späteren Leistungen deutlich unterhalb jenes Höhepunktes.

Auch diese Tatsache gibt zu weitgehenden Erwägungen und Schlüssen Anlaß. Zunächst wollen wir sie psychologisch zu verstehen suchen.

Wir haben uns bereits davon überzeugt, daß Unabhängigkeit des Denkens und Vorgehens die entscheidende Eigenschaft des Entdeckers ist; ferner ist noch das nötige Maß von kritischem Scharfsinn erforderlich, welcher die Wahl der richtigen Möglichkeit unter den zahllosen sich anbietenden sichert. Nun ist wagemutiges Draufgehen durchaus eine Eigenschaft der Jugend, während der Scharfsinn ein Produkt vorgeschrittener geistiger Entwicklung ist und bis in ein hohes Lebensalter zuzunehmen pflegt. Die höchste Leistung wird also in eine Zeit fallen, wo der Wagemut noch nicht wesentlich abgenommen hat, der kritische Scharfsinn aber bereits genügend entwickelt ist. Dies läßt alsbald erkennen, wie überaus wichtig die frühzeitige Entwicklung der letzteren Eigenschaft ist, damit sie in genügendem Maße vorhanden ist, wenn der Geist eben seine höchste Spannkraft erreicht hat. Dies ist auch der Grund, weshalb ich die Frühreife für eine Voraussetzung, nicht für eine Folge des Forschergeistes halte.

Die Schlüsse, welche man aus dieser Einsicht für die Unterrichtsfrage zu ziehen hat, liegen in derselben Richtung, die durch das Erfordernis der Selbständigkeit gegeben war. Sie kommen gleichfalls darauf hinaus, daß man dem jugendlichen Geiste so früh wie möglich die Gelegenheit zu selbständiger Entwicklung geben soll. Dies ist allerdings in dem Rahmen unausführbar, der im wesentlichen noch von unseren Mittelschulen festgehalten wird, und der durch das Ideal der gleichförmigen Erreichung des „Klassenziels" sowie durch das Schlagwort der „harmonischen Bildung" gekennzeichnet ist. Erst in allerjüngster Zeit hat sich in einigen Erlassen der Preußischen Schulverwaltung die Erkenntnis geltend gemacht, daß diese Richtung eine verfehlte ist. Der Wert eines originalen und schöpferischen Denkers ist so groß, daß man den Unterricht mindestens so zu gestalten hat, daß ein solcher nicht geradezu im Werden erstickt wird. Dies Ersticken geschieht aber durch das Prinzip, keine außerordentlichen Leistungen auf Kosten anderer zuzulassen. Allerdings ist man wohl nicht immer streng in solcher Richtung gewesen und insbesondere mathematisch-naturwissenschaftliche Mängel bei solchen Schülern, welche erhebliche sprachliche Leistungen aufzuweisen hatten, wurden als entschuldbar angesehen; das Umgekehrte war dagegen nicht der Fall. Tatsächlich ist die Schulpolitik geradezu umzukehren. Sobald ungewöhnliche Leistungen auf irgendeinem Gebiete sich erkennen lassen, hat man auch Sorge zu tragen, daß diese anerkannt werden, und daß das entsprechende Können möglichste Freiheit zur Entwicklung erhält. Die vielfach verbreitete Scheu vor „Einseitigkeit", falls die sprachlichen Leistungen verweigert werden, ist nur ein Ausdruck ihrer gewohnten Bevorzugung, da die andere Einseitigkeit nicht nur zugelassen, sondern gelegentlich sogar mit einer gewissen Genugtuung zur Schau getragen wird. Aber Einseitigkeit bei hervorragender Einzelleistung ist tausendmal wertvoller und auch ehrlicher, als gleichförmig gute Leistungen in allen Fächern, die beinahe mit absoluter Sicherheit den mittelmäßigen Kopf kennzeichnen. Denn ebenso häufig, wie schlechte Schulzeugnisse bei den später Großgewordenen, ist die Verwunderung der Lehrer, daß die Schulmusterjünglinge hernach es zu nichts bringen. Von dem hier dargelegten Gesichtspunkte indessen ist anderes nicht zu erwarten.

Die Ausführung dieser Forderungen im praktischen Schulbetriebe denke ich mir so, daß es das Bestreben eines jeden Lehrers sein sollte, aus dem Kreise der Schüler sich eine Anzahl von „Leibschülern" zu gewinnen, denen er sich, und die sich ihm in erster Linie hingeben. Diese mag er dann so einseitig wie möglich entwickeln, und es soll ein weitgehender Ausgleich geringer Leistungen auf den entgegengesetzten Gebieten zugelassen werden. Welche Summe von Berufsfreudigkeit hierdurch bei den Schülern wie in der Lehrerschaft und welche entsprechende Steigerung ihrer Leistungsfähigkeit durch eine solche Einrichtung bewirkt werden würde, brauche ich nicht im einzelnen darzulegen. Doch möchte ich die Bemerkung nicht unterdrücken, daß ich den

Betrieb der Mittelschule aus mehrjähriger Lehrtätigkeit an einer solchen, allerdings bei großer persönlicher Freiheit in allen Einzelheiten, kennen gelernt habe und deshalb den Anspruch erhebe, aus eigener Erfahrung zu urteilen.

Das Werk und seine Folgen

Wir kommen nun zu den eigentlichen großen Leistungen der schöpferischen Menschen. Daß sie in sehr jungen Lebensjahren aufzutreten pflegen, haben wir erfahren und begriffen. Untersucht man sie aber darauf, ob sie überhaupt die ersten wissenschaftlichen Leistungen der Betreffenden sind, so kommt man meist zu einem verneinenden Ergebnis. Hierbei ist allerdings in Betracht zu ziehen, daß der äußere Entwicklungsgang des heutigen Wissenschaftlers fast unvermeidlich zur „Anfertigung" einer wissenschaftlichen Probearbeit (Doktordissertation u. dergl.) führt, die nur in seltenen Fällen ein freies Produkt des Anfängers ist. Da derartige Dinge aus anderen Gründen gedruckt zu werden pflegen, so gehen sie der Hauptleistung auch an der Öffentlichkeit voraus und lassen sehr oft Charakter und Wert ihres Verfassers noch nicht erkennen. So ist beispielsweise die Doktorarbeit J. R. Mayers über das Santonin eine gänzlich durchschnittliche Leistung, die in keinem Worte den Gedankenkreis erkennen läßt, in welchem sich der Verfasser bereits damals bewegte. Das gleiche läßt sich in vielen anderen Fällen nachweisen. Dies ist auch ganz erklärlich. Den ersten Schritt an die Öffentlichkeit tut man mit Zögern und Vorsicht; so wird man schwerlich den Gegenstand der heimlichen Liebe bereits dort zur Sprache bringen, sondern vielmehr eine Anlehnung an Vorhandenes suchen. Eine Ausnahme wird nur dann eintreten, wenn der Entdecker überhaupt vorher keinen Anlaß oder keine Gelegenheit zur Publikation gehabt hat, wie dies z. B. bei Sadi Carnot, dem ersten Entdecker des zweiten Hauptsatzes der Energetik, der Fall gewesen zu sein scheint. Von diesem haben wir überhaupt nur eine einzige kurze Meisterschrift, auf der sein ganzer Ruhm beruht.

Diese äußeren Erscheinungen müssen allerdings nicht so gedeutet werden, als wären die Gedanken der Hauptarbeit auch erst später entstanden. In vielen Fällen haben wir den unmittelbaren Nachweis, daß es sich um Denkrichtungen handelt, die sich sehr frühe bereits betätigt hatten, meist angeregt durch Eindrücke während der Kinder- oder Knabenjahre in Gestalt persönlicher Erfahrungen oder auch geistiger Beeinflussungen durch älteren Verkehr. Solche Hauptleistungen, von denen hier die Rede ist, sind nicht Glücksfunde eines günstigen Augenblicks, sondern ihre Gewinnung ist viel eher vergleichbar dem geduldigen und oft vergeblichen Harren des Jägers auf dem Anstände, bis endlich das erwartete Wild in Schußnähe kommt. Leider haben wir nur selten die Spuren der vorausgegangenen Arbeit vor uns; wo dies der Fall ist, wie bei J. R. Mayer, erkennen wir die ungeheure und immer wieder aufgenommene Anstrengung, die der klaren Erfassung und Formulierung des Gedankens vorausgegangen ist. Es ist fast wie das Fangen einer alten, erfahrenen Forelle: man weiß, daß sie da ist, man sieht auch hin und wieder ihre Gestalt blitzartig auftauchen und wieder verschwinden; manchmal glaubt man sie zu haben, und doch hat sie sich wieder dem Griff entzogen. Erst nach unzähligemal wiederholten vergeblichen Versuchen ist man soweit vertraut mit ihren Bewegungen und Eigentümlichkeiten, daß man sie in die Hand bekommt, und wie oft entwischt sie noch im letzten Augenblicke! Aber dann kann man ihres Fanges sicher sein, denn der

Entdecker wird sich sicher keine Ruhe mehr gönnen, bis er sie hat.

Es ist also in jedem Falle eine alle Kräfte und die ganze Hingabe der jugendlichen Begeisterung beanspruchende Arbeit, die mit einer derartigen Leistung verbunden ist. Durch Leute, die von der Sache offenbar gar nichts gewußt haben, ist die Vorstellung weit verbreitet, als sei eine solche Schöpfung etwas, was der große Mann so einfach vor sich hin tut, wie unsereins eine Birne ißt. Dem gegenüber muß man festhalten, und dies gilt ebenso für Meisterwerke der Kunst wie für solche der Wissenschaft, daß eine jede solche Leistung immer und notwendig das Äußerste darstellt, was der Schöpfer unter Zusammenfassung aller seiner Kraft hat leisten können. Sieht das Werk hernach auch „frei und leicht, wie aus dem Nichts entsprungen" aus, so ist dies Aussehen nur das Resultat der vollendeten Arbeit, nicht das der Abwesenheit von Arbeit. Ein nachträglicher Nachweis für die äußerste Anstrengung, die eine solche Leistung kostet, ist die sehr häufige Erscheinung, daß mit diesem einzigen Erzeugnis die gesamte Zeugungskraft seines Schöpfers verbraucht ist. Wir haben bereits in J. R. Mayer einen solchen Fall kennen gelernt; Sadi Carnot stellt einen zweiten dar und in der Geschichte einer jeden Wissenschaft finden sich solche Siegfriedsgestalten. Oft bezahlen sie die Leistung mit ihrem Leben und sterben früh. Diese sind die glücklicheren zu nennen. Die anderen tragen durch ihr ganzes Leben das Bewußtsein, daß ihre erste Leistung auch ihre größte, oder gar ihre einzige bleiben muß. Es gibt vielleicht keinen, der ein solches Bewußtsein heiteren Gemütes beherbergen kann. Wenigstens bisher, wo die Unmöglichkeit, Ähnliches wieder zu leisten, noch meist als ein Selbstvorwurf empfunden wurde. Sieht man an der Hand solcher Überlegungen, wie sie eben angestellt wurden, die psychologische Wahrscheinlichkeit, ja fast Notwendigkeit ein, daß es so sein muß, dann kann man ein solches Schicksal allerdings leichter und heiterer nehmen, denn gegen naturgesetzliche Geschehnisse sträubt man sich nicht. Gottfried Keller beschreibt die Leute von Seldwyla als ein Geschlecht, wo ein jeder in seinen jungen Jahren seine großartige Zeit hat; hernach hört das plötzlich auf, und er sieht sich unverhofft auf ein sehr bescheidenes Altenteil gesetzt. Dies ist die Lage des Entdeckers, die um so wahrscheinlicher eintreten wird, je bedeutender seine Entdeckung ist, und je jünger er war, als er sie machte. Es gibt einzelne besonders günstig organisierte Menschen, die noch in reiferem Alter die Kühnheit und Ausdauer haben, die zu einer sehr bedeutenden Entdeckung erforderlich sind; solche ertragen auch die Folgen viel leichter, als der weniger widerstandsfähige und abgehärtete junge Organismus.

Auch diese tatsächlichen Beobachtungen setzen sich mit landläufigen Anschauungen in Widerspruch. Diese gehen dahin, daß ein Mann um so sicherere Gewähr auf künftige Entdeckungen gibt, je bedeutender die bereits von ihm gemachten sind. Dies ist ungefähr das Gegenteil der tatsächlichen Verhältnisse: je bedeutender die gemachte Entdeckung ist, um so unwahrscheinlicher ist die Wiederholung eines gleichwertigen Fundes. In der wirklichen, unverhüllten Erfahrung findet die letztere Ansicht ihre sehr häufige Bestätigung. Als die berühmten Physiker Kirchhoff und Kundt nach Berlin berufen wurden, geschah dies zweifellos in der Hoffnung, daß sie die frühere Entdeckerlaufbahn, vielleicht gar mit gesteigerten Kräften, fortsetzen würden. Es trat tatsächlich nichts Derartiges ein. Das gleiche gilt für Erfinder. Als Edison nach dem Bekanntwerden seiner großen Erfindungen „gegründet" wurde, und man ihm alle denkbaren Hilfsmittel für weitere Erfindungen zur Verfügung stellte, versagte er völlig; seit vielen Jahren hat er nichts hervorgebracht, was entfernt mit seinen früheren Leistungen vergleichbar wäre. Wenn die unternehmungslustigen Geschäftsleute, welche diese mißglückte Spekulation ansetzten, die psychologischen Bedingungen einer solchen Tätigkeit gekannt hätten, so hätten sie das Geld dafür verwendet, ganz junge hochbegabte Leute ausfindig zu machen, denen nur die Gelegenheit zu erheblichen Leistungen fehlte, und ihnen die Mittel zur Verfügung gestellt. Ernst Abbe, der als Sozialpolitiker und Organisator noch weit höhere Leistungen vollbracht hat wie als Optiker, hat bei der Leitung der Zeißwerke in Jena das richtige Verfahren eingehalten: er bemühte sich beständig, überall in Deutschland junge Leute zu entdecken, denen er die Fähigkeit schöpferischer Arbeit auf Grund charakteristischer Proben zutraute, und sie an seine Anstalt zu fesseln, noch bevor sie sich durch ihre maximale Leistung erschöpft hatten.

Es ist oben bereits angedeutet worden, daß die nachteiligen Folgen einer großen Entdeckung, die in früher Jugend so häufig und groß sind, um so geringer werden, je höher vorgeschritten das Alter des Entdeckers war. Natürlich kommen noch andere Faktoren in Betracht, unter denen die mehr oder minder großen Schwierigkeiten der Geltendmachung der Entdeckung sehr wichtig sind. Solche Schwierigkeiten bewirken natürlich ihrerseits eine weitere Beanspruchung des Organismus und tragen ganz wesentlich dazu bei, ihn für spätere Leistungen ungeeignet zu machen. Daher haben die Entdecker, die frühzeitig Anerkennung finden, in doppelter Weise Glück: ihnen bleiben die sehr erheblichen

Kränkungen erspart, die mit der Nichtanerkennung verbunden sind, und sie haben eine größere Aussicht, hernach noch weitere Leistungen hervorzubringen und sich dadurch auch die Selbstvorwürfe wegen erloschener Leistungsfähigkeit zu ersparen. Ein Beispiel hierfür bietet Helmholtz dar. Zunächst hat er seine Arbeit über die Erhaltung der Kraft damals gar nicht als eine streng persönliche Leistung von reformatorischem Charakter, sondern mehr als eine Zusammenstellung und Durcharbeitung grundsätzlich bekannter, nur zu wenig beachteter Beziehungen empfunden. Sodann befand er sich in einem Kreise von Arbeits- und Gesinnungsgenossen, die sich der neuen Ideen sofort auf das lebhafteste annahmen. Endlich ließ auch die äußere Anerkennung nicht lange auf sich warten So erklärt es sich, daß an ihm nichts von den eben erwähnten Schädigungen sichtbar wird; vielmehr blieb ihm eine ausgezeichnete Leistungsfähigkeit bis zu seinem Tode eigen. Allerdings kommt bei Helmholtz noch ein weiterer Umstand hinzu, nämlich der rechtzeitige Wechsel des Arbeitsgebietes.

Somit wird man zwar mit einer gewissen Wahrscheinlichkeit auf das Vorhandensein einer Erschöpfung nach bedeutenden Entdeckerleistungen schließen dürfen, doch hängt es von den Umständen ab, wie weit dabei die schädliche Beanspruchung des Organismus gegangen ist. Die oben dargelegten allgemeinen Überlegungen werden von Fall zu Fall die Beurteilung erleichtern.

Der Forscherberuf

Eine soziale Stellung, die ausschließlich die Vermehrung der Wissenschaft durch entsprechende Arbeiten zum Inhalte hat, gibt es in regelmäßiger Weise noch nicht. In einzelnen Fällen, wo Gelehrte, die als Forscher Ungewöhnliches leisteten, sich als sehr schlechte und unwillige Lehrer erwiesen, hat man diesen wohl eine Vernachlässigung dieser Tätigkeit nachgesehen und für deren Erledigung durch andere gesorgt. Ebenso sind in jüngster Zeit gelegentlich Akademikerstellungen mit sehr eingeschränkter Lehrverpflichtung geschaffen worden, deren Besoldung ausreichend war, um den Inhaber von der Nötigung zu anderem Erwerb zu befreien. Aber immer hat es sich doch mehr oder weniger um ein Zugeständnis, ein Kompromiß gehandelt und es scheint in den staatlichen Verwaltungen noch durchaus die Vorstellung zu bestehen, als sei die freie wissenschaftliche Forschung eine Sache, für die der Staat keine persönlichen Aufwendungen machen dürfe. Sachliche Aufwendungen werden für den gleichen Zweck allerdings (in Deutschland mehr als in irgendeinem anderen Lande der Welt) gemacht und zwar in einem sehr beträchtlichen Umfange. Denn ein ganz erheblicher Teil der Ausstattung der naturwissenschaftlichen Institute kommt nicht sowohl für den Unterricht, als für die Forschung in Betracht, und die vorhandenen Mittel werden den Lehrbeamten ebenso wie die den Studierenden aller Grade mit vollkommener Liberalität zur Verfügung gestellt.

Es ist sehr sonderbar, daß man diesen Unterschied zwischen den sachlichen und den persönlichen Aufwendungen macht und bei der Anstellung von Gelehrten wenigstens formell von der Unterrichtsverpflichtung nicht absehen will. Der hier vorhandene Zopf wird viel weniger von den Regierungen als von den Professoren gepflegt. Unter den letzteren befinden sich natürlich diejenigen, deren Schwerpunkt im Unterricht liegt, in der Mehrheit, und diese empfinden es als eine Mindereinschätzung ihrer Person gegenüber den forschend tätigen Kollegen, wenn letzteren der Unterricht erlassen werden soll. Daß in der Tat die Forschertätigkeit sachlich viel höher steht, als das Lehren, ist eines von den allgemein bekannten Geheimnissen, deren Ausplaudern in den beteiligten Kreisen gegen den guten Ton verstößt und daher gesellschaftliche Repressionen hervorruft.

Der Forscher als Lehrer

Gegenwärtig ist dieser sachliche Nebenberuf, der formal aber als Hauptberuf auftritt, fast ausschließlich die Lehrtätigkeit. Durch die Übereinstimmung des Inhaltes, nämlich der Wissenschaft, eignet er sich in erster Linie für diesen Zweck; es muß aber die Frage erhoben werden, ob nicht auch beachtenswerte Nachteile mit einer solchen Vereinigung verbunden sein können. Dies ist in der Tat der Fall.

So kommt es, daß noch heute, wo die grundlegende Bedeutung der wissenschaftlichen Forschung allgemein anerkannt ist und bereits zu den populären Wahrheiten gehört, diese Art Arbeit dennoch ausschließlich als freies Geschenk von den dazu Befähigten erwartet und entgegengenommen wird. Zeit und Energie hierzu hat der Forscher seiner beruflichen Tätigkeit zu entziehen, und das einzige, was allenfalls geschieht, besteht, wie erwähnt, in der Erleichterung dieser Berufslast. Es kann selbstverständlich nur eine Frage der Zeit und zwar einer kurzen Zeit sein, daß dies geändert wird, und daß die freie wissenschaftliche Leistung als Lebensberuf anerkannt wird, dessen Ausfüllung seinem Inhaber die wirtschaftliche Existenz gewährt. Dann wird es nicht mehr nötig sein, daß der Forscher, um diesem seinem inneren Berufe nachgehen zu können; eine andere Tätigkeit übernehmen muß, der ihm die Mittel zum Leben und zum Forschen gewährt.

Untersucht man nämlich die Lehrtätigkeit der großen Entdecker, so erweist sich, daß durchaus kein bestimmtes Verhältnis besteht zwischen der Fähigkeit, neue Wahrheiten zu finden, und der Fähigkeit, die Wissenschaft zu lehren. Es gibt ebensowohl ausgezeichnete Forscher, die zum Lehren untauglich sind, wie ausgezeichnete Lehrer, denen keinerlei wirkliche Forschungsarbeit gelungen ist, wenn auch die letzteren Fälle weniger bekannt werden. Andererseits haben wir Beispiele, daß ganz hervorragende Leistungen auf beiden Gebieten sich vereinigen, während endlich der Fall, daß ein Forscher mit dem Lehrerberuf überhaupt nichts zu tun hat, gleichfalls vorkommt, aber namentlich in Deutschland sehr selten ist. Der letzte Fall zeigt allerdings eine Tendenz zur Zunahme. Dies rührt einerseits daher, daß es gegenwärtig viel mehr andere Berufe gibt, welche eine wissenschaftliche Ausbildung voraussetzen, als je zuvor; daher sind entsprechend zahlreiche Personen vorhanden, die auf der Universität den Reiz und die Technik wissenschaftlicher Arbeit kennen gelernt haben und die zufällige oder herbeigerufene Gelegenheit, solche auszuführen, gern benutzen. Sodann aber beginnen bereits auch bei uns einzelne Fälle eines überaus wertvollen Typus des wissenschaftlichen Arbeiters aufzutreten, nämlich des Liebhaberforschers, des Mannes, der ohne jeden Berufszusammenhang aus unmittelbarer Freude an der

Sache sich wissenschaftlicher Arbeit hingibt. Bisher pflegte dieser Typus auf England beschränkt zu sein, wo ein alter und weitverbreiteter Reichtum die Entwicklung solcher Persönlichkeiten ermöglichte. Deutschland hat seit dreißig Jahren gleichfalls begonnen, ein reiches Land zu werden, und es ist von höchster Wichtigkeit für die Entwicklung unseres Volkes, daß eine solche Verwendung der erworbenen und ererbten Vermögen zur nationalen Gewohnheit wird. Es ist bemerkenswert, daß ein so hervorragender Vertreter der Industrie, wie Werner Siemens, unter allen Erfolgen und Auszeichnungen, die er errungen hat, seine Aufnahme in die Berliner Akademie und die dadurch ausgedrückte Wertschätzung seiner wissenschaftlichen Arbeiten ausdrücklich am höchsten gestellt hat. Natürlich wird der Besitz eines genügenden Vermögens und einer genügenden Forscherbegabung nur verhältnismäßig selten in einer Person zusammentreffen; wo aber eigene Leistungen nicht ausführbar sind, kann die Ausfindigmachung und Entwicklung junger Genies im wissenschaftlichen Gebiete, namentlich aus den Kindern mitteloser Familien, als edelster Sport betrieben werden, durch dessen Ausübung zudem der Nation unabsehbarer Gewinn entstehen mag. Dem gegenüber steht das vielgerühmte amerikanische Hergeben kleiner Teile der häufig durch die zweifelhaftesten Mittel erworbenen Vermögen für wissenschaftliche
Zwecke, wobei die Arbeit der sachgemäßen Anwendung anderen überlassen wird, als ein verhältnismäßig rohes und gedankenloses Verfahren da.

Kehren wir zu der Frage nach der Vereinigung des Lehr- und Forschungsberufes zurück, so können wir bei denen, die beide ausüben, leicht zwei grundverschiedene Typen unterscheiden. Es sind einerseits diejenigen Forscher, die als Lehrer so hervorragendes leisten, daß sie eine persönliche Schule bilden, und andererseits diejenigen Forscher, bei denen dies nicht der Fall ist, und die meist die Lehrtätigkeit ungern und ohne unmittelbare Wirkung ausüben. Auch für dieses Verhältnis haben wir unter den vorher beschriebenen Forschern zwei Repräsentanten: Liebig, der einzig großartige Lehrer mit intensiver Fähigkeit der Schulebildung, und Helmholtz, von dessen vielseitigen Begabungen die Lehrfähigkeit jedenfalls bei weitem die geringste war.

Auf die beiden entgegengesetzten Typen, die sich hier erkennen lassen, habe ich bereits mehrfach aufmerksam gemacht und vorgeschlagen, sie den klassischen und den romantischen Typus zu nennen. Diese Bezeichnungen sollen natürlich nur die allgemeine Richtung andeuten, in welcher man die einigermaßen entgegengesetzten Eigenschaften zu suchen hat, welche diese beiden Arten von Entdeckern kennzeichnen; im übrigen handelt es sich um Stilverschiedenheiten des Wesens, die in den Temperamenten begründet sind.

Der klassische Typus, für den Helmholtz ein Beispiel abgibt, ist durch ein melancholisches Temperament und langsame Reaktionen gekennzeichnet. Im Leben sind diese Menschen zurückhaltend, da sie vor aller unvorsichtigen Mitteilung, sei es ihres persönlichen Wesens, sei es ihrer wissenschaftlichen Resultate, die größte Scheu empfinden. Sind sie im späteren Alter zu Ansehen und gesellschaftlich hoher Stellung gekommen, so macht sich diese Zurückhaltung als würdevolles Benehmen geltend, das ihnen meist als übertriebener Stolz ausgelegt wird, das aber doch mehr der Ausdruck der Scheu vor unvorhergesehenen Situationen ist. Die verhältnismäßige Langsamkeit ihrer mentalen Reaktionen, welche die Quelle dieses äußeren Verhaltens ist, ersetzen sie wissenschaftlich reichlich durch eine außerordentliche Zähigkeit in der Verfolgung ihrer Arbeitspläne und die intensive Konzentration auf das gerade vorliegende Problem. Die Antwort Newtons, der ein ausgeprägter Klassiker gewesen ist, auf die Frage, wie er zu seinen großen Entdeckungen gekommen sei, kennzeichnet diese Arbeitsweise, denn sie lautete, wie bekannt: Durch unausgesetztes Nachdenken.

Daraus ergibt sich zunächst auch der Charakter der Schriften und Abhandlungen, in denen solche Männer ihre Ergebnisse mitteilen. Da ihnen der Gedanke, daß ihnen ein Irrtum nachgewiesen werden könnte, gänzlich unerträglich erscheint, so wenden sie eine unendliche Sorgfalt auf die Ausarbeitung ihrer Resultate, die sie nach allen denkbaren Seiten zu sichern sich bemühen. Es geschieht ihnen daher nicht selten, daß sie längst die Ergebnisse einer Untersuchung besitzen, ohne sie doch für die Veröffentlichung reif zu halten. Dies wird wiederum durch ein anderes Wort eines typischen Klassikers, des Mathematikers Gauß erläutert. Er wurde über den Stand einer seiner Arbeiten befragt und antwortete: Meine Resultate habe ich längst, ich weiß aber noch nicht genau, wie ich zu ihnen kommen werde. Das heißt, daß ihm die Ableitung und der Beweis seiner Ergebnisse, sowie die Feststellung ihrer Beziehungen zu anderen Problemen, so wichtig waren, daß er seine Arbeit für ganz unvollständig ansah, bevor er sie nach dieser Beziehung reinlich durchgeführt hatte.

Aus dieser Langsamkeit der Reaktion ergibt sich auch die Beschaffenheit dieser Männer als Lehrer. Der mündliche Vortrag verlangt, wenn er lebendig und eindringlich sein soll, ein großes Maß von Improvisation. Begeisterung ist keine Heringsware, die sich aufhebt auf lange Jahre; wenn aber der Lehrer nicht selbst begeistert ist, so vermag er dies Gefühl auch nicht bei dem Schüler hervorzurufen. In Begeisterung gerät man nun aber nicht bei altbekannten Dingen; wohl aber teilt sich die Erregung beim Erzeugen neuer Gedanken, die unter dem Vortrag das Licht der Welt erblicken, mit unfehlbarer Sicherheit den Hörern mit. Hierin liegt das Geheimnis der großen Männer vom romantischen Typus, deren Vorträge ihren Hörern unvergeßlich bleiben, obwohl sie meist in rhetorischer und formaler Hinsicht so gut wie alles zu wünschen übrig ließen. Dem Klassiker sind solche Leistungen seiner ganzen Natur nach unmöglich, denn er verabscheut die Improvisation aus Instinkt und Überzeugung. So ist das beste, was er in solcher Hinsicht leisten kann, ein sorgfältig abgerundeter und gegen alle denkbaren Einwendungen gepanzerter Vortrag, d. h. ein gesprochenes Buch. Der Widersinn, der hierin liegt, ist denn auch die Ursache, daß der Klassiker den persönlichen Unterricht überhaupt nicht liebt und ihn vermeidet, wenn es irgend möglich ist.

In noch höherem Maße verlangt der Laboratoriums- und Seminarunterricht die Fähigkeit, schnell und unvorbereitet eine zweckgemäße wissenschaftliche Reaktion auszuführen. Denn er besteht nicht sowohl darin, den Schülern angemessene Forschungsaufgaben zu geben, als ihnen zu zeigen, wie man die tausend unvorhergesehenen Schwierigkeiten, die das Arbeiten auf noch unbekannten Gebieten täglich erzeugt, geschickt und sachgemäß überwindet. Wenn der Lehrer in jedem derartigen Falle sagen muß: hierüber will ich erst nachdenken, und dann meinetwegen am anderen Tage die schönste Lösung des Problems bringt, so wird sie dem Schüler etwas von außen gekommenes bleiben, und er wird die Arbeit als Handlanger, nicht aber als Mitarbeiter weiterführen. Kann ihm dagegen der Lehrer sagen: hierüber wollen wir beide gleich nachdenken, und steuert er gemeinsam mit dem Schüler in fröhlichem Selbstvertrauen auf den Ozean der Möglichkeiten hinaus, so wird dieser, wenn er auch nicht eben viel selbst zur Lösung der Aufgabe beigetragen haben mag, doch gesehen und verstanden haben, wie so etwas gemacht wird, und er wird es das nächste Mal zunächst allein zu machen versuchen. Ein solches Verfahren kann aber nur der ausführen, der sich ein erfolgreiches Improvisieren zutraut, d. h. der dies so oft gemacht hat, daß er an dem nächsten Gelingen nicht zu zweifeln braucht. Das ist wieder ein charakteristischer Zug des Romantikers.

Hierdurch ist denn nun auch dieser zweite Typus in seinem Wesen gekennzeichnet. Eine große Schnelligkeit der geistigen Reaktion, ein geschwinder und mannigfaltiger Ablauf angefangener Gedankenreihen ist die mentale Grundlage des Romantikers, von der seine übrigen Kennzeichen unmittelbar abhängig sind. Daher wird er seinem Temperament nach sanguinisch sein und zur Entladung seiner überreichlichen geistigen Produktion die unmittelbare Wirkung von Mensch zu Mensch bevorzugen. Statt sich auf eine Reihe von Jahren in ein bestimmtes Problem zu verbeißen, wird er, bereit, auf jeden Einfluß alsbald zu reagieren, eine ganze Anzahl Interessen gleichzeitig oder doch in schneller Abwechslung verfolgen. Die Lebhaftigkeit seines Geistes verschafft ihm Antworten auf die ihm entgegentretenden wissenschaftlichen Fragen fast ebenso schnell, wie sie sich ihm stellen. Ihre große Menge aber verhindert ihn, jeder einzelnen die Sorgfalt in der Ausarbeitung angedeihen zu lassen, die dem Klassiker die Hauptsache ist. Hierdurch wird auch ein charakteristischer Unterschied in dem Verhalten beider gegen ihr geistiges Eigentum verursacht. Der Klassiker empfindet es durchaus als persönlichen Besitz; er hat so lange und so intensiv sein ganzes Interesse darauf gerichtet, daß es ein Teil von seinem Wesen geworden ist. Darum verteidigt er es auch als seinen eigenen Besitz, falls ein anderer Anspruch darauf erhebt. Der Romantiker dagegen produziert so leicht und reichlich, daß es ihm mehr darauf ankommt, durch Abstoßung des Alten Raum für Neues zu gewinnen, als darauf, seine persönlichen Zusammenhänge mit dem Erledigten zu wahren. Daher wird er im Gegensatz zum Klassiker, der über werdende Arbeiten zu schweigen pflegt, nicht nur gern und ausgiebig darüber Mitteilung machen, was ihn eben beschäftigt, sondern er wird auch bereitwilligst Anregungen, Gedanken, Gesichtspunkte ausstreuen, von denen ein jeder als Ausgangspunkt einer besonderen Arbeit oder Entdeckung dienen kann, und wird nichts dawider haben, wenn diese von anderen übernommen werden. Denn er hat ja viel mehr davon, als er selbst verbrauchen kann.

Es bedarf keines ausführlichen Nachweises, wie gerade diese Eigenschaften den Romantiker zu einem fast unbeschränkt wirksamen Lehrer machen. Die Überproduktion an Gedanken und Fragen findet nirgends besser und naturgemäßer ihre Unterkunft, als in einem Kreise eifriger Schüler, und daß sie eifrig werden, wenn sie es nicht bereits waren, bewirkt der Lehrer durch sein persönliches Beispiel, da ihm der Eifer zu seiner Natur gehört. So beobachten wir, daß Liebig, der das Urbild eines ausgezeichneten Romantikers genannt werden kann, alsbald unter den ungünstigsten äußeren Umständen eine Schule gründet. Er empfindet sie als so notwendig für sich selbst, daß er sie unter persönlichen Opfern einrichtet und erhält, und er erreicht in kürzester Frist mit ihr solche Erfolge, daß er seinen Schülerkreis aus der ganzen Kulturwelt anzuziehen weiß. Die kleine und unbeachtet gewesene hessische Landesuniversität Gießen wird in wenigen Jahren ein weltbekannter Ort, und an den deutschen Grenzen erscheinen Fremdlinge mit der Frage: wo geht der Weg nach Gießen?

Als besonderes Kennzeichen für die Art der Wirkung, welche Liebig auf seine Schüler ausgeübt hat, wird von den letzteren übereinstimmend angegeben, daß er sie mit einer dauernden Begeisterung für ihre wissenschaftliche Arbeit zu erfüllen gewußt hat. Die niemals ausbleibenden Depressionen, welche die Ebbezeiten des Arbeitsverlaufes begleiten, wußte er stets durch ein paar zündende Worte zu überwinden und so die Ausdauer bei dem Schüler zu sichern, die er aus eigener Kraft nicht gehabt hätte, während sie doch für die Erreichung eines erheblichen Resultates unbedingt notwendig ist. Es handelt sich hier um die Tatsache, daß die Fähigkeit des Wollens von allen geistigen Fähigkeiten am seltensten gut entwickelt ist. Es gibt zahllose Leute, die allerlei Gutes möchten, die es aber nicht zu wollen vermögen, nämlich zu wollen mit dem festen Entschlüsse, ihren Willen auch gegen Schwierigkeiten und Hindernisse durchzusetzen. Man erkennt in dieser Erscheinung wiederum eine Folge mißverstandener Unterrichtspolitik. Wenn der Schüler sich möglichst den Anordnungen des Lehrers fügt, so ist er diesem sehr bequem und es entwickelt sich fast unwiderstehlich der Gedanke, daß ein solcher Schüler auch sehr gut sei. Die Tendenz der Erziehung geht deshalb dahin, möglichst gehorsame Schüler zu erziehen. Fragen wir uns aber, wovon später im wirklichen Leben die Erfolge abhängen, so wird man die durch Gehorsam zu erzielenden schwerlich als die höchsten bewerten. Gerade umgekehrt: solche Menschen werden am meisten erreichen, welche sich bei ihren Handlungen von einem festen Willen leiten lassen und nicht fragen: was will der oder jener, daß ich tue, sondern sich klar machen, was sie selbst wollen. Es sind keineswegs nur die Egoisten, welche mit dieser Eigenschaft ausgestattet sind, sondern alle die großen Wohltäter der Menschheit hatten sie nicht minder. Ohne einen unbeugsamen Willen kann man auch die wertvollsten Verbesserungen der menschlichen Einrichtungen und Verhältnisse nicht durchsetzen, denn gegen jede Änderung, habe sie auch die edelsten Ziele, wird sich immer eine Majorität erheben, die das Alte behalten möchte. Dies ist eine psychologische Notwendigkeit, denn für geistige Dinge gilt ganz ebenso das Gesetz des Beharrungsvermögens, d. h. das Trägheitsgesetz, wie für die mechanischen.

Diesem weitverbreiteten Mangel an Willensfähigkeit hilft nur der mit überschüssiger und überschäumender Willenskraft begabte Romantiker als Lehrer in einer Weise ab, die von den Schülern mit besonderem Danke empfunden wird. Denn in Gesellschaft und unter Führung eines kräftigen fremden Willens ist es für den durchschnittlichen Willensschwächling so außerordentlich viel leichter, zu wollen, daß er nicht nur bereitwillig tut, wozu er angeregt wird, sondern dafür noch den lebhaftesten Dank empfindet. So dehnt ein solcher Lehrer seine Persönlichkeit durch unmittelbare Beeinflussung seines Schülerkreises ins Vielfache aus und erreicht eine Wirkung, die weit über die ihm unmittelbar zugemessenen Beträge an Zeit und Raum hinausgehen.

Eine derartige Wirkungsart ist dem Klassiker versagt, und er wird sie nicht einmal anstreben, wo sich ihm die äußere Möglichkeit dazu anbietet. Als Gauß Professor in Göttingen war, bestand noch die Gewohnheit des persönlichen Belegens beim Professor am Anfange des Semesters. Es war ganz bekannt, daß Gauß zwar die Anmeldungen entgegennahm, daß er aber jedem Studenten zu sagen pflegte, daß die Vorlesung wahrscheinlich nicht zustande kommen würde, um ihn so von vornherein abzuschrecken. Dagegen ist dem Klassiker gerade wegen der besonderen Beschaffenheit seiner Arbeiten eine weit in die Zukunft reichende Wirkung auf nichtpersönlichem Wege beschieden. Die abgerundete Vollendung, die er bei seinen Werken anstrebt und erreicht, bewirkt eine besonders lange und unveränderte Dauer seiner Gedankengebäude. Es ist bekannt, daß eine hochpolierte Glasfläche chemischen und sogar auch mechanischen Angriffen sehr viel besser widersteht, als eine matte. Ebenso macht die innere Geschlossenheit eines klassischen Werkes dessen Gedankenbau sogar noch dauerhafter, als er vermöge seines Materials allein sein würde. Daß etwas an einem solchen harmonischen Kunstwerke der Verbesserung bedürftig sein könnte, ist ein Gedanke, der erst ausgiebig bewiesen werden muß, bevor er Glauben findet, und so sichert der Klassiker seinen Werken durch den von ihm eingehaltenen Stil eine unverhältnismäßig große Wirkung, wenn diese auch immer erst später eintritt, als bei dem Werke des Romantikers.

Bei diesem letzteren liegt die Wirkung wieder auf der entgegengesetzten Seite. Nicht Abrundung und innere Abgeschlossenheit zeichnet sein Werk aus, sondern der Zusammenhang mit dem pulsierenden Leben. Oft war es der romantische Genius selbst, der erst das allgemeine Interesse an seinen Problemen hervorgerufen hat; vorhanden ist es in jedem Falle, und so knüpft er seine Arbeit unmittelbar an die Angelegenheiten der Zeit an. Dieser Umstand sichert ihm eine schnelle und breite Wirkung, bringt aber auch ein zerstörendes Element bezüglich der Dauerhaftigkeit hinein. Während eine Pyramide ohne Änderung der Quadern, aus denen sie errichtet ist, Jahrtausende überdauert, erhält sich der Wald nur dadurch, daß immer wieder ein Baum den anderen verdrängt und ersetzt. Aber die jungen Bäume erwachsen auf dem Erdreich, das die Leiber ihrer Vorgänger fruchtbar gemacht haben, und so bleibt auch für die Elemente, welche diese einst dem Felsboden entzogen und zu organischem Leben assimiliert haben, eine dauernde Wirksamkeit erhalten. Der charakteristische Unterschied der beiden Typen, der in dem Zeitmaße des Gedankenverlaufes lag, spiegelt sich also auch in der Wirkungsweise ihres Werkes wieder: langsam und nachdrücklich im einen Falle, schnell und weitgreifend im anderen.

Das Ende

Waren durch den Gang der Darstellung bisher die Gegensätze zwischen dem Höhepunkte der Leistung und dem übrigen Leben des Entdeckers in erster Linie zur Darstellung gelangt, so betrachten wir nunmehr die Fälle, wo diese Gegensätze nicht so groß und auffällig erscheinen, da sie mehr stetig und innerlich verlaufen. Tatsächlich überleben ja viele Entdecker und Erfinder die stürmischen Zeiten der größten Leistung anscheinend ohne Schädigung, und wenn sie das Glück hatten, bald zu allgemeiner Anerkennung zu gelangen, so scheint ihnen oft ein langer und schöner Lebensabend beschieden. Sie werden in glänzende und einflußreiche Stellungen befördert, und ihre äußere Existenz ist gesichert, oft reichlich. Je länger sie leben, um so sichtbarer wird der Wert ihrer Leistungen und um so mehr beeifern sich gelehrte Körperschaften und Regierungen, durch Verleihungen von Ehrenbezeugungen an sie sich selbst zu ehren und sich das Zeugnis rechtzeitiger Anerkennung des großen Mannes zu verschaffen. Für den Außenstehenden entwickelt sich so das Bild eines in jeder Beziehung beneidenswerten Lebens.

Selbst in solchen Fällen, in denen eine lange Zeit hat vergehen müssen, bevor diese allgemeine Anerkennung eingetreten ist, pflegt heutzutage der Entdecker noch einiges von den Früchten seiner Arbeit persönlich zu ernten. Der schnellere Schritt, mit dem sich gegenwärtig die Wissenschaft entwickelt, dank der verhundertfachten, vielleicht vertausendfachten Teilnahme der Besten aller Völker im Vergleich mit den Verhältnissen vor einem oder zwei Jahrhunderten, bewirkt auch bei Entdeckungen, die ihrer Zeit weit voraus waren, jetzt ein schnelleres Einholen seitens der Gesamtwissenschaft. Es pflegt nicht mehr vorzukommen, daß ein fundamentaler Gedanke ein Jahrhundert, selbst nur einige Jahrzehnte unbemerkt bleibt. Wird er nicht in der Gestalt beachtet, wie er seinerzeit von dem ersten Entdecker festgestellt worden war, so wird er doch bald zum zweiten Male entdeckt und gelangt so unwiderstehlich zur Kenntnis der Gesamtheit. Denn die Wissenschaft schreitet trotz der anscheinenden Zufälligkeit ihres Wachstums, das von den persönlichen Interessen und Liebhabereien der führenden Geister abzuhängen scheint, doch mit großer Regelmäßigkeit in logischer Ordnung voran, und ihre Vermehrung unterliegt eigenen, objektiven Gesetzen. Dies rührt daher, daß vorhandene Lücken in dem Organismus der Wissenschaft, in welchem ja jede Einzelheit mit tausend anderen notwendig zusammenhängt, um so deutlicher empfunden werden, je weiter die Entwicklung in der unmittelbaren Nachbarschaft vorgeschritten ist. So entsteht ein zunehmend dringenderer Hinweis auf die Ausfüllung dieser Lücke und damit eine um so wirksamere Ursache, die Denker auf diesen Punkt unwiderstehlich hinzuführen. Dadurch kommt es, daß der Geschichtsschreiber der Wissenschaft immer von neuem erstaunen muß, wie unglaublich konsequent diese sich entwickelt hat.

Aber eben dieser konsequente und von Zufälligkeiten durch Selbstausgleich in hohem Maße freie Gang der Wissenschaft bringt es mit sich, daß ihr Schritt mit dem des einzelnen Vertreters oder Forschers niemals im Einklange bleiben kann. In dem, persönlich gesprochen, allergünstigsten Falle geht die Sache den folgenden Weg. Zu Anfang ist der Entdecker seiner Zeit weit voraus. Nehmen wir nun an, daß er seinen Fortschritt bald der Allgemeinheit verständlich und zugänglich gemacht und ihn durch die Bildung einer einflußreichen Schule oder durch literarische Betätigung wirksam zur Geltung gebracht hat, so daß bald eine Schar von fleißigen Mitarbeitern in dem neu eroberten Lande tätig ist. Dann beginnt ein schnelles Wachstum der Wissenschaft gerade an dieser Stelle. Anfangs noch unter der unbestrittenen Führung des Pfadfinders. Aber bald wird die Schar der Mitarbeiter und der Umfang der von ihnen getanen Arbeit so groß, daß der bisherige Führer nicht mehr alle und alles im Auge behalten kann. Jüngere Kräfte, die sich nicht beim Bahnbrechen verbraucht haben, sondern frisch und mit dem ganzen Vorrate geschonter Energie an der Stelle einsetzen, die jener zu erklimmen den besten Teil seiner Kraft aufgewendet hat, bewirken Fortschritte nach Richtungen, die der Führer seinerzeit nicht ins Auge gefaßt hatte. Immer kräftiger und vielseitiger wächst die Wissenschaft und immer älter und weniger fähig, diesen jugendlichen Sturmschritt mitzumachen, wird der erste Pfadfinder. Dann bleibt ihm schließlich gar keine Wahl, als zur Seite zu treten oder sich überfahren zu lassen. Beides ist nicht ohne Schmerz ausführbar, aber das erste ist das bessere, sowohl vom allgemeinen wie vom persönlichen Standpunkte.

Als Volta, dem wir die wissenschaftliche Grundlegung der Lehre von der Berührungselektrizität verdanken, in stetiger Entwicklung und Steigerung dieser seiner Lebensarbeit schließlich die nach ihm benannte elektrische Säule erfunden hatte, öffnete er den Weg zu einer ungeheuren Entwicklung, dessen gegenwärtigen Umfang man an der Durchdringung unseres gesamten technischen wie wissenschaftlichen Lebens mit Elektrizität schätzen mag. Noch vor der Drucklegung seiner Abhandlung über die Säule, als deren Kenntnis nur durch private Mitteilung von Mund zu Mund gegangen war, begannen die Entdeckungen auf dem Gebiete der Elektrochemie, die der unmittelbar nachfolgenden Zeit ihr wissenschaftliches Kennzeichen aufdrückten. Man hätte denken sollen, daß allen voran Volta selbst die überreiche Ernte eingebracht hätte, zu welcher er der überraschten Welt den Zugang geöffnet hatte. Nichts davon geschah. Mit jener Arbeit schneidet fast vollkommen die bis dahin auffallend reiche Produktion des großen Forschers ab. Er war damals wenig über fünfzig Jahre alt und lebte noch ein weiteres Vierteljahrhundert. Aber die tätige Mitarbeit an der Wissenschaft hat er aufgegeben. Im Kreise seiner Familie verbrachte er hochgeehrt den Rest seines Lebens, und seine sparsamen Veröffentlichungen aus dem Anfange dieser Periode lassen erkennen, daß er durchaus nicht einverstanden mit den Wegen war, welche die von ihm erst überhaupt auf die Beine gestellte Wissenschaft eingeschlagen hatte.

Ich habe mir nicht hinreichend genaue Nachricht über Voltas geistigen Zustand aus dieser Zeit seines Lebens verschaffen können, um zu wissen, ob dieser Rückzug aus der Front freiwillig und heiterbewußt erfolgt war, oder ob er sich widerwillig dem harten Zwang der Notwendigkeit hat fügen müssen. Jedenfalls hat er es getan und damit das bessere Teil erwählt. Das schlimmere Teil wäre gewesen, wenn er versucht hätte, in der Front zu bleiben und seine Überzeugung den jüngeren Fachgenossen gegenüber zur Geltung zu bringen.

Dies letztere hat später einer der Männer getan, die damals von Voltas Entdeckungen aus weiter gebaut und die von ihm so ungern gesehenen Beziehungen zwischen den elektrischen und den chemischen Erscheinungen aufgedeckt hatten. Jakob Berzelius hatte auf Grund seiner elektrochemischen Jugendarbeit ein elektrisches System der chemischen Verbindungen aufgestellt und dank seiner außerordentlichen methodischen Begabung und seinen unermüdlich fleißigen und klassisch exakten Forschungen die unbestrittene Stellung eines Fürsten seiner Wissenschaft errungen; in seinem „Jahresberichte" teilte er alljährlich Lob und Tadel aus für alles, was in seiner Wissenschaft inzwischen geschehen war, und so zuverlässig und ehrlich war sein Urteil, daß seine Entscheidungen zum allergrößten Teile noch heute Geltung haben, ebenso wie sie damals den Kurs der neu auf den Markt gebrachten chemischen Güter bestimmten.

Als ihm aber das gleiche geschah, was Volta geschehen war und was jedem in seiner Lage geschehen muß, als die ewig jung bleibende Wissenschaft einen Schritt einschlug, dem er mit dem abnehmenden Gedächtnis und der abnehmenden Beweglichkeit des Alters nicht mehr folgen konnte, da trat er nicht zur Seite. Er versuchte vielmehr, die Wissenschaft weiter in seinem Sinne zu lenken. Erst väterlich mahnend, ohne sich eines Widerspruches überhaupt zu versehen. Dann ernster und ernster seine wohlerworbene Autorität aufbietend und schließlich in ungehemmtem *Zorne* alle bisher eingehaltenen Grenzen vergessend. Aber nichts wollte nützen. Die jungen Fachgenossen, denen er seinerzeit selbst den Weg in die Wissenschaft geebnet hatte, fielen von ihm ab, und als er sie angriff, setzten sie sich mit den scharfen Waffen der Jugend zur Wehr. So starb er schließlich, äußerlich so hoch geehrt, als ein Gelehrter nur sein kann, innerlich aber zerstört durch das Bewußtsein, daß die Wissenschaft, der er sein ganzes Leben gewidmet hatte, hoffnungslos in die Irre gegangen war.

Das Bild, das ich hier habe zeichnen müssen, ist kein zufälliges und einzelnes, und der tragische Ausgang eines großen und unendlich nutzbringenden Lebens ist nicht auf die führenden Männer in der Wissenschaft beschränkt. Es ist das unvermeidliche Schicksal aller derer, welche die mangelnde Kongruenz zwischen der Kurve des einzelnen Menschenlebens und der der allgemeinen menschlichen Angelegenheiten nicht kennen oder nicht beachten wollen. Das Einzelleben steigt schnell an, und wenn es das eines großen Menschen ist, so überragt es bald seine Umgebung. Aber durch die Wirkung eben dieses Lebens erhebt sich die Umgebung. Und nachdem das Einzelleben seine Höhe erreicht hat, muß es notwendig wieder abfallen. Zuweilen plötzlich, zuweilen langsam, aber immer unabwendbar. Unsäglich schwer ist es dann, den Augenblick zu erkennen, wo die eigene Lebenslinie unter die der Umgebung gefallen ist, und wo eine Fortsetzung der früheren Betätigung keinen Fortschritt, sondern eine Hemmung der Hauptangelegenheit eben dieses Lebens zu bewirken beginnt. Aber auch hier macht die Wissenschaft ihre große Friedenswirkung geltend. Hat man einmal begriffen, was naturgesetzlich begründet ist, so widerstrebt man nicht mehr, sondern beschränkt seine Aufgabe dahin, den notwendigen Prozeß so schmerzlos wie möglich zu gestalten. Neben der großen Heerstraße der Wissenschaft gibt es friedliche Gärtchen, in welche der Lärm des Marktes nicht dringt. Dort lassen sich noch mancherlei Blumen pflegen, die man früher wohl gesehen hatte, aber im Drange des Augenblickes nicht pflücken durfte.

Und ist man im Zweifel darüber, welches der rechte Augenblick hierzu sein mag, so merke man sich rechtzeitig, daß man es nur zu früh, nicht aber später tun kann und wird. Hat man einmal den rechten Augenblick verpaßt, so kann man den Entschluß nicht mehr fassen. Denn dann entwickelt sich der senile Ehrgeiz, es der Welt zu zeigen, daß man noch kein Greis ist, und dann ist alles verloren, denn die Einsicht kommt niemals wieder. Also tue man es lieber zu früh, weil man es zu spät doch nicht tun wird. Und überlegt man, daß draußen die jungen Helden der nächsten Zukunft ungeduldig darauf harren, daß ihnen die Bahn frei gemacht wird, so wird man doppelt gern zur Seite treten und sich von Herzen ihrer jungen Kraft freuen.

Editorische Notiz:

Der Text der vorliegenden Edition folgt der Ausgabe: Ostwald, Wilhelm: Erfinder und Entdecker. Frankfurt am Main 1908.

Die Orthographie wurde an einigen Stellen behutsam modernisiert, grammatikalische Eigenheiten bleiben gewahrt. Die Interpunktion folgt der Druckvorlage.

Ebenfalls im SEVERUS Verlag erhältlich:

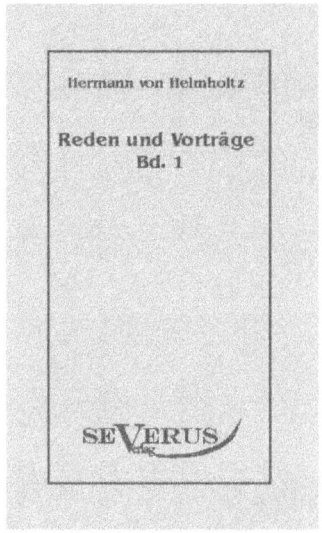

Hermann von Helmholtz
Reden und Vorträge, Bd. 1
Mit einem Vorwort von Sergei Bobrovskyi
SEVERUS 2010 / 408 S./ 29,50 Euro
ISBN 978-3-942382-14-4

Helmholtz – bis heute steht er mit seinem Namen für die gesamte Vielfalt der naturwissenschaftlichen Forschung.

Der vorliegende Band versammelt Vorträge zu verschiedenen Themen, gehalten zwischen 1853 und 1869.

www.severus-verlag.de

Ebenfalls im SEVERUS Verlag erhältlich:

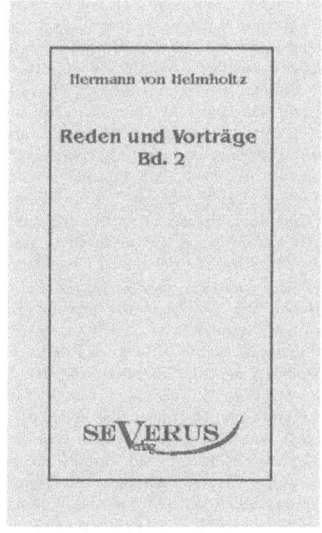

Hermann von Helmholtz
Reden und Vorträge Bd.2
SEVERUS 2010 / 396 S./ 29,50 Euro
ISBN 978-3-942382-16-8

Helmholtz - bis heute steht er mit seinem Namen für die gesamte Vielfalt der naturwissenschaftlichen Forschung.

Der vorliegende Band versammelt Vorträge zu verschiedenen Themen, gehalten zwischen 1870 und 1881.

www.severus-verlag.de

Achelis. Th. Die Entwicklung der Ehe * **Andreas-Salomé, Lou** Rainer Maria Rilke * **Arenz, Karl** Die Entdeckungsreisen in Nord- und Mittelafrika von Richardson, Overweg, Barth und Vogel * **Aretz, Gertrude (Hrsg)** Napoleon I - Briefe an Frauen * **Ashburn, P.M** The ranks of death. A Medical History of the Conquest of America * **Avenarius, Richard** Kritik der reinen Erfahrung * **Bernstorff, Graf Johann Heinrich** Erinnerungen und Briefe * **Binder, Julius** Grundlegung zur Rechtsphilosophie. Mit einem Extratext zur Rechtsphilosophie Hegels * **Bliedner, Arno** Schiller. Eine pädagogische Studie * **Braun, Lily** Lebenssucher * **Braun, Ferdinand** Drahtlose Telegraphie durch Wasser und Luft * **Burkamp, Wilhelm** Wirklichkeit und Sinn. Die objektive Gewordenheit des Sinns in der sinnfreien Wirklichkeit * **Caemmerer, Rudolf Karl Fritz** Die Entwicklung der strategischen Wissenschaft im 19. Jahrhundert * **Cronau, Rudolf** Drei Jahrhunderte deutschen Lebens in Amerika. Eine Geschichte der Deutschen in den Vereinigten Staaten * **Cushing, Harvey** The life of Sir William Osler, Volume 1 * The life of Sir William Osler, Volume 2 * **Eckstein, Friedrich** Alte, unnennbare Tage. Erinnerungen aus siebzig Lehr- und Wanderjahren * **Eiselsberg, Anton Freiherr von** Lebensweg eines Chirurgen. * **Elsenhans, Theodor** Fries und Kant. Ein Beitrag zur Geschichte und zur systematischen Grundlegung der Erkenntnistheorie. * **Ferenczi, Sandor** Hysterie und Pathoneurosen * **Fourier, Jean Baptiste Joseph Baron** Die Auflösung der bestimmten Gleichungen * **Frimmel, Theodor von** Beethoven Studien I. Beethovens äußere Erscheinung * Beethoven Studien II. Bausteine zu einer Lebensgeschichte des Meisters * **Fülleborn, Friedrich** Über eine medizinische Studienreise nach Panama, Westindien und den Vereinigten Staaten * **Goldstein, Eugen** Canalstrahlen * **Heller, August** Geschichte der Physik von Aristoteles bis auf die neueste Zeit. Bd. 1: Von Aristoteles bis Galilei * **Helmholtz, Hermann von** Reden und Vorträge, Bd. 1 * Reden und Vorträge, Bd. 2 * **Kalkoff, Paul** Ulrich von Hutten und die Reformation. Eine kritische Geschichte seiner wichtigsten Lebenszeit und der Entscheidungsjahre der Reformation (1517 - 1523), Reihe ReligioSus Band I * **Kerschensteiner, Georg** Theorie der Bildung * **Külz, Ludwig** Tropenarzt im afrikanischen Busch * **Leimbach, Karl Alexander** Untersuchungen über die verschiedenen Moralsysteme * **Liliencron, Rochus von / Müllenhoff, Karl** Zur Runenlehre. Zwei Abhandlungen * **Mach, Ernst** Die Principien der Wärmelehre * **Mausbach, Joseph** Die Ethik des heiligen Augustinus. Erster Band: Die sittliche Ordnung und ihre Grundlagen * Die Ethik des heiligen Augustinus. Zweiter Band: Die sittliche Befähigung des Menschen und ihre Verwirklichung * **Müller, Conrad** Alexander von Humboldt und das Preußische Königshaus. Briefe aus den Jahren 1835-1857 * **Oettingen, Arthur von** Die Schule der Physik * **Peters, Carl** Die deutsche Emin-Pascha-Expedition * **Poetter, Friedrich Christoph** Logik * **Popken, Minna** Im Kampf um die Welt des Lichts. Lebenserinnerungen und Bekenntnisse einer Ärztin * **Rank, Otto** Psychoanalytische Beiträge zur Mythenforschung. Gesammelte Studien aus den Jahren 1912 bis 1914. * **Rubinstein, Susanna** Ein individualistischer Pessimist: Beitrag zur Würdigung Philipp Mainländers * Eine Trias von Willensmetaphysikern: Populär-philosophische Essays * **Scheidemann, Philipp** Memoiren eines Sozialdemokraten, Erster Band * Memoiren eines Sozialdemokraten, Zweiter Band * **Schultze, Victor** Die Katakomben. Die Altchristlichen Grabstätten. Ihre Geschichte und ihre Monumente * **Schweitzer, Christoph** Reise nach Java und Ceylon (1675-1682). Reisebeschreibungen von deutschen Beamten und Kriegsleuten im Dienst der niederländischen West- und Ostindischen Kompagnien 1602 - 1797. * **Stein, Heinrich von** Giordano Bruno. Gedanken über seine Lehre und sein Leben * **Thiersch, Hermann** Ludwig I von Bayern und die Georgia Augusta * **Tyndall, John** Die Wärme betrachtet als eine Art der Bewegung, Bd. 1 * Die Wärme betrachtet als eine Art der Bewegung, Bd. 2 * **Virchow, Rudolf** Vier Reden über Leben und Krankesin * **Wernher, Adolf** Die Bestattung der Toten in Bezug auf Hygiene, geschichtliche Entwicklung und gesetzliche Bestimmungen * **Weygandt, Wilhelm** Abnorme Charaktere in der dramatischen Literatur. Shakespeare - Goethe - Ibsen - Gerhart Hauptmann * **Wlassak, Moriz** Zum römischen Provinzialprozeß

www.severus-verlag.de

www.ingramcontent.com/pod-product-compliance
Lightning Source LLC
Chambersburg PA
CBHW031126160426
43192CB00008B/1121